TECNOMAGIA

Êxtase, totem e encantamento na cultura digital

COLEÇÃO ALDEIA GLOBAL

VINCENZO SUSCA

TECNOMAGIA

Êxtase, totem e encantamento na cultura digital

TRADUÇÃO DE
LUANA CHINAZZO

Editora Sulina

Título original: Technomagie. Extases, totems et enchantements dans la culture numérique
Traduzido do francês por Luana Chinazzo

Capa: Cintia Beloc (Foto e arte de Mustafa Sabbagh)
Projeto gráfico e editoração: Niura Fernanda
Revisão: Álvaro Nunes Larangeira
Editor: Luis Antonio Paim Gomes
Coordenador da Coleção Aldeia Global: Juremir Machado da Silva

Dados Internacionais de Catalogação na Publicação (CIP)
Bibliotecária Responsável: Denise Mari de Andrade Souza – CRB 10/960

S964t Susca, Vincenzo
Tecnomagia: êxtase, totem e encantamento na cultura digital / Vincenzo Susca, traduzido por Luana Chinazzo . – Porto Alegre: Sulina, 2024.
176 p.; 14x21cm.

Título Original: Technomagie. Extases, totems et enchantements dans la culture numérique.
ISBN: 978-65-5759-169-7

1. Sociologia. 2. Comunicação Social. 2. Cultura Digital. 3. Mídia - Imaginário. 4. Redes Sociais - Dependência. 5. Tecnologia – Redes Sociais. I. Título.

CDU: 316.77
CDD: 301.16
302.23

Rua Leopoldo Bier, 644, 4º andar – Santana
Cep: 90620-100 – Porto Alegre/RS
Fone: (0xx51) 3110.9801
www.editorasulina.com.br
e-mail: sulina@editorasulina.com.br

Outubro/2024
IMPRESSO NO BRASIL/PRINTED IN BRAZIL

Para Ian, meu pequeno
grande tecnomago.

"Hoje, a religião comprometida e a ciência ateísta estão travando uma outra competição... Mas, para mim, o espetáculo a ser observado é o contínuo e antigo jogo obscuro entre magia e tecnologia".

(Erik Davis, Rêve instrumental)

"Aqui, sobrevivia apenas o que proliferava".

(Judith Schalansky, O pescoço da girafa)

Sumário

PREFÁCIO

Tecnograça e mutações

As luzes do nosso tempo cintilam na escuridão. Ao longo da época moderna, acariciamos o mito de que o progresso, enquadrado por um plano racional, conceder-nos-ia a emancipação de todo o tipo de escravidão, bem como bem-estar e felicidade. No entanto, séculos de produção, acumulação e consumo desenfreados nos lançaram em um presente sombrio, no qual a alienação e a depressão reinam soberanas, com o fogo de palha do sucesso e os simulacros do entretenimento como corolários. Enredados nas malhas das redes digitais, dominados pela inteligência artificial e pelos algoritmos, submersos por crises sanitárias, catástrofes ambientais e guerras brutais e sem precedentes, estamos aprisionados por vontade própria a correntes sem fio que não podemos e não queremos mais romper. Não se trata simplesmente de uma indulgência – ou mesmo submissão – às estratégias de sedução do neocapitalismo, nem mesmo de uma complacência mais ou menos direta em relação aos novos totalitarismos que atravessam, com diversos graus de violência e negação, as formas contemporâneas de poder, mas sim do retorno imperativo de uma lógica de dependência que desfere um golpe fatal ao indivíduo autônomo e racional que surgiu no Renascimento.

Na paisagem que se revela após o humanismo, a tecnologia não é mais um sistema à disposição da razão humana para transformar o mundo ou resolver problemas em prol do progresso: ela é o mundo onde habitamos, um fim em si mesma, onde as coisas, as máquinas e os sistemas informáticos penetram e dominam nossos corpos até englobá-los na esfera de mercadorias, espetáculos e informações. No entanto, mesmo que as últimas badaladas do sino pareçam ressoar com os tons mais sombrios, propagando o eco de desastres de todos os tipos (terrorismo, guerra e violência), detectamos também em toda parte – dos interstícios do cotidiano às cenas urbanas, das beiras das estradas ao campo aberto, das cenas dançantes aos fluxos audiovisuais – formas de resistência e novas germinações.

Mesmo nos momentos mais nefastos da recente pandemia, quando a vigilância e o medo se esforçavam para reprimir qualquer agitação do corpo social, assistimos ao surgimento de manifestações festivas e muitas vezes carnavalescas, como música nas varandas, confraternizações no Zoom, *lives* infinitas no Facebook, tendências e desafios no TikTok, transmissões no Twitch, *stories* e *reels* no Instagram, nudes no Tinder e Grindr entre outros rituais destinados a exorcizar a morte, ou mesmo a metabolizá-la. Os prazeres, as vibrações e os sorrisos arrancados de um contexto tão lúgubre sinalizam a presença e a vitalidade, no coração da tragédia, de indivíduos e grupos que conseguem, por uma espécie de *tecnograça*, dançar em êxtase em meio às correntes, obter prazer e liberdade mesmo nestas prisões do entretenimento que são Netflix, Twitch, *Minecraft*, *Fortnite*, Tinder, OnlyFans ou Grindr.

❋

No auge de sua história, cada técnica adquire uma ressonância mágica com traços tanto surpreendentes quanto terríveis, e seu apogeu é acompanhado pelo cheiro da obsolescência do que ela deixa para trás. A humanidade é agora o objeto, mais que o sujeito, de uma metamorfose que transcende e pulveriza suas qualidades biológicas e sociais, tradicionais e morais. Com todo o entusiasmo da situação, estamos experimentando os limites e os excessos de nossa condição em um contexto em que a tecnologia subitamente deixa de ser o dispositivo do logos – no sentido filosófico da razão ou do pensamento – para se tornar uma tecnomagia, ou seja, um sistema de totens, ritos e mitos antigos e novos em torno dos quais o sujeito, em meio à confusão, acaba por se perder. Nessa rede de dependências, entregamo-nos a uma espécie de dança macabra na qual somos possuídos pelos objetos que acreditamos possuir, somos agenciados mesmo quando estamos convencidos de que estamos agenciando, e vivenciamos uma espécie de transe que é ao mesmo tempo pura vibração no meio em que estamos imersos e uma fuga de nós mesmos em direção àquilo que nos precede e ultrapassa, entre arcaísmos e visões futuristas, além de utopias e distopias.

Arrastado por uma espiral contagiosa, o ser humano se torna ao mesmo tempo coisa, informação, espetáculo, mercadoria, obra de arte e artista. Ele se desfaz de sua própria identidade para se dissolver na alteridade e se reencontrar, como se estivesse sob o efeito de substâncias psicotrópicas, fora de si. Aqui estamos nós, como tecnomagos e cobaias voluntárias, em um experimento totalizante sobre a vida que está por vir, em tempo real.

Se o século passado revelou de forma instrutiva as contradições abismais do humanismo, talvez tenha chegado a hora de esclarecer o que está nascendo, além do bem e do mal, das ruínas do Ocidente e da modernidade. A marcha triunfal do sujeito, que se impôs como o centro do universo, senhor da natureza e de seu próprio destino graças às extensões tecnológicas que extrapolam cada vez mais a natureza humana, levou tanto à devastação do mundo, conforme as intuições de Martin Heidegger, quanto à aniquilação dos humanos, cujo risco de extinção não é mais apenas ficção científica.

Esta obra explora e interroga as mudanças culturais, societais e antropológicas em curso, na esteira de todas as catástrofes das últimas décadas, em relação ao imaginário e às formas de comunhão, de comunidade e até mesmo de *comunicracia* que unem experimentalmente os fragmentos frágeis e decompostos do nosso mundo, desenvolvendo formas híbridas e recombinadas de existência segundo novos parentescos dentro de lógicas inclusivas.

O paradigma da conexão que marca nossa cultura, em todas as suas variações midiáticas e físicas, naturais e societais, poderia, portanto, remeter a uma forma renovada de participação mágica graças à qual, após séculos de separação, os humanos estão redescobrindo sua profunda concordância, sua interdependência e até sua estreita dependência ao que os cerca. Em meio à violência e à alienação que lembram os feitiços, as maldições e os encantamentos das lendas populares atemporais, surgem práticas e imaginários tecnomágicos que, ao descentralizar o ser humano em relação ao sistema de objetos, às máquinas, às redes e à biosfera, prenunciam a nova carne que está por vir. Carne eletrônica. Formas elementares do pós-humanismo.

Introdução

A eletrônica e a antropologia, primos distantes que a modernidade aproximou e uniu em matrimônio.
Ian McEwan, Máquinas como eu

Os rituais, as cerimônias e as efervescências típicas do sagrado se manifestam no campo das culturas digitais não apenas por meio da proliferação de novos cultos e da atualização on-line das formas religiosas tradicionais, mas também, e principalmente, por meio da elevação espiritual de objetos, práticas ou imagens efêmeras, lúdicas e oníricas. Na maioria dos casos, as figuras envolvidas evocam a experiência vivida em sua natureza simultaneamente mais sensível e imaterial: sua carne e seu imaginário. Esta é a expressão máxima do que Émile Durkheim (2003) chama de "divino social", do qual emana uma miríade de pequenas igrejas caracterizadas por um baixo grau de institucionalização e uma alta densidade simbólica e emocional (Maffesoli, 2020). Nesse sentido, a socialidade digital adquire a aptidão decisiva de transfigurar a vida ordinária, o domínio do profano, em uma espécie de experiência mítica e mística que beira o sagrado em sua dimensão selvagem (Bastide, 1975). As relações originadas das paisagens midiáticas, físicas e simbólicas contemporâneas revelam uma capacidade de unir o que está separado no tempo e no espaço, uma faculdade outrora reservada às ordens espirituais, esotéricas ou místicas. Dessa forma, a cultura da conexão, do compartilhamento e do *always on* difunde para as esferas mundanas um conjunto de experiências simbólicas que lembram os mistérios religiosos. Esse imaginário implica a alteração da relação moderna entre técnica e sociedade de acordo com um paradigma que definiremos nas próximas páginas como tecnomagia.

As comunhões com conotações pagãs celebradas pelos novos ritos da mídia e da socialidade contemporânea alimentam uma forma de crença que envolve o compartilhamento de segredos, emoções e estilos de caráter comunitário, baseados na dimensão do "comum" (Virno, 2002). Além dos múltiplos mitos e incontáveis ícones que ocupam um espaço privilegiado nos fluxos de comunicação, é sempre o corpo social e o corpo em si, em sintonia com o sistema de objetos e signos, com o reino dos vivos e dos não vivos, que são exaltados pelas liturgias digitais e envoltos pelo brilho de uma aura. São os próprios acontecimentos da vida, para além da secularização e do desencantamento, que se encontram sacralizados: a carne e sua volúpia, a matéria em sua essência sensível e sensitiva. Nesse panorama, os meios de comunicação se tornam os novos totens do estar-junto. De fato, quando os meios de reprodutibilidade técnica retiram a aura da obra de arte, o público gradualmente se torna objeto e sujeito dela, emergindo como protagonista de um processo de estetização que se funde com sua sacralização.

O "culto à Internet" (Breton, 2000), com toda a ideologia que o permeia, está dando origem a novas formas de fetichismos, utopias, lendas e idolatrias. Estes mostram o quanto os dispositivos em questão não são meras tecnologias a serviço de um projeto político-econômico racional e funcional, mas se colocam, antes, como territórios existenciais destinados a canalizar e acolher uma espécie de "vida improdutiva" (Bataille, 1967; Joron, 2009) – isto é, desejos, sensibilidades e impulsos irredutíveis à ideia de progresso e às grandes narrativas tradicionais. Na esteira de tal imaginário coletivo, propomo-nos a verificar em que medida e de que maneira a opinião pública sobre a qual se fundamenta a cultura ocidental e moderna dá lugar a uma emoção pública na qual a razão não mais dirige os sentidos, mas estes orientam o pensamento. Estamos vendo a mudança de um paradigma baseado no indivíduo e na abstração para outro centrado no "nós" e na empatia, ou melhor, na tele-empatia, em que o modelo espaço-temporal de ubiquidade, proximidade e sincronicidade se torna crucial.

A diferença fundamental aqui explorada diz respeito às perspectivas inéditas dos imaginários ao redor dos quais os vínculos contemporâneos são selados: efervescências, adesões e crenças coletivas que surgem entre as ruas e os *mediascapes* não projetam mais, como acontecia até os anos 1970, o corpo social em outro lugar – a sociedade perfeita, a salvação, o paraíso celestial ou terrestre... Ao contrário, elas se revestem de sacralidade, no sentido de permitir aos indivíduos conectar-se, fundir-se e vibrar em uníssono e no presente, imergindo no mundo da maneira mais intensa e mais encarnada possível. Isso ocorre, com todos os paradoxos resultantes, mesmo quando essas experiências estão indissoluvelmente ligadas ao culto do consumo e do efêmero. Nessa condição, a fé não é mais direcionada para o futuro. Ela não repousa sobre figuras e conceitos abstratos. Pelo contrário, torna-se uma experiência ancorada no *hic et nunc* (aqui e agora), na vida cotidiana e on-line, dedicada, por um lado, a dimensões materiais e sensíveis e, por outro, a um universo imaterial próximo da imaginação e dos sonhos. Para apreender essa mutação, convém descrever e interpretar essa mudança de paradigma entre a tecnologia concebida do Renascimento até a metade do século XX e a tecnomagia contemporânea, fonte de novos tipos de encantamentos, transes, possessões, fetiches, fantasias e excessos emocionais, sem perder de vista o precioso conselho dado por Marshall H. McLuhan em uma entrevista para a revista *Playboy* em 1969: "O misticismo nada mais é do que a ciência de amanhã com a qual sonhamos hoje".

1
A potência do imaginário

As bases materiais que sustentavam a vida coletiva na época moderna foram aos poucos abaladas, se não destruídas, entre o século XIX e a segunda metade do século XX. Durante esse processo, o corpo social, massa bruta que se tornou força de trabalho e, posteriormente, classe operária, assumiu finalmente a forma simultânea de espectador e consumidor. A sociedade do consumo, do entretenimento e do tempo livre, então, embarcou em um declive emocional que corrompe a vida cotidiana, estimulando dispêndios improdutivos, no sentido de Georges Bataille, desperdícios e a exaltação das pulsões oníricas. Os sistemas sociais logo perceberam que não podiam permanecer à margem de tais convulsões, nem as negligenciar. Assim, essas convulsões se tornaram o objetivo para o qual direcionar as estratégias de integração à megaestrutura social, a fim de evitar os riscos intrinsecamente anti-institucionais representados por multidões inebriadas pelo hedonismo e presas ao efêmero.

A política elaborou estratégias para adaptar a racionalidade de sua própria dominação e infundindo-a com doses ponderadas e adequadas de não racionalidade, paixão e prazer. Isso permitiu canalizar de maneira inofensiva as necessidades sociais centradas no desengajamento, abrindo-lhes as portas institucionais e, ao mesmo tempo, refreando o instinto destrutivo inerente ao seu Eros: "A satisfação instintiva no sistema da não-liberdade auxilia o sistema a se perpetuar. Tal é a função social do nível de vida crescente nas formas racionalizadas e interiorizadas da dominação" (Marcuse, 1973, p. 8).

A lógica do consumo e, mais tarde, do espetáculo tende a coordenar e orquestrar as pulsões festivas e destrutivas das massas – o eterno emaranhado de distração e destruição – dentro da ordem produtiva, não mais em termos da retórica do progresso, da qualidade das estruturas racionais-legais e das razões das ideologias históricas, mas sim da sedução das mercadorias e dos shows, do prazer obtido primeiro pela contemplação e depois pelo consumo. Se é verdade que o prazer e as ações que ele desencadeia escapam à ordem social para exaltar o corpo com sua "parte maldita" (Bataille), a racionalidade da dominação tende a regular seu uso a fim de domar sua natureza fundamentalmente subversiva. Um trecho da célebre "Dialética do Esclarecimento" é elucidativo a esse respeito:

> O pensamento tem origem no processo de liberação dessa natureza terrível, que acabou por ser inteiramente dominada. O gozo é por assim dizer sua vingança. Nele os homens se livram do pensamento, escapam à civilização. Nas sociedades mais antigas, os festivais possibilitavam este retorno à natureza como um retorno em comum. As orgias primitivas são a origem coletiva do gozo. [...] É só com o progresso da civilização e do esclarecimento que o eu fortalecido e a dominação consolidada transformam o festival em simples farsa. Os dominadores apresentam o gozo como algo racional, como tributo à natureza não inteiramente domada; ao mesmo tempo procuram torná-lo inócuo para seu uso e conservá-lo na cultura superior; e finalmente, na impossibilidade de eliminá-lo totalmente, tentam dosá-lo para os dominados.

> [...] O processo se desenvolve do festival primitivo até as férias (Adorno; Horkheimer, 2014, p. 181-182).

Os anos que se passaram desde a publicação dessa obra, escrita na década de 1940, destacam o caráter indomável do espírito recreativo que emana do cotidiano em sua tensão irresistível em direção à realização radical, segundo uma vontade de potência paradoxal – entre alienação e autoafirmação. Sem dúvida, a crise que constitui o pano de fundo dos conflitos mais recentes entre as elites e o corpo social – dos Coletes Amarelos aos diversos movimentos *No-vax* e *No-mask*, passando pelo *Fridays for Future*, as Sardinhas[1], *Occupy Wall Street* e *Extinction Rebellion* – se enraíza na obsolescência do mito do trabalho e do progresso, que são substituídos por novas adesões mágicas, com seus rituais de iniciação, totens e êxtases, à Mãe Terra, à Rede em todas as suas variações, ao sistema de objetos e a tudo que se refere ao corpo e à vida cotidiana. Desenrola-se, assim, à margem das utopias sociais, das grandes verdades universais e da moral estabelecida, um leque de éticas e estéticas que, oscilando entre o *mainstream* e o *underground*, produzem camadas de socialidade moldadas por afinidades conectivas que transcendem tempo, espaço e pertencimentos culturais clássicos: fãs, *gamers*, *role players*, *ravers*, *youtubers*, influenciadores, *hackers*, ociosos, *flâneurs*, *tiktokers*, criadores de memes... Além das múltiplas nuances que as distinguem, essas figuras alimentam novas mitologias que só podem ser parcialmente atribuídas aos critérios e às lógicas das narrativas sobre os quais se sustentam as sociedades contemporâneas. Dessa forma, estas últimas parecem esvazia-

---

[1] Movimento militante italiano de inspiração antifascista que surgiu em 2019 no contexto da campanha eleitoral das eleições regionais de 2020 na Emília-Romanha, em oposição ao populismo e ao espírito soberanista da Liga, partido de extrema direita do país.

das de sua legitimidade, incapazes de se vincular ao corpo social e de nutrir proveitosamente o imaginário coletivo.

O sintoma mais evidente da catástrofe em curso é a proliferação de figuras monstruosas e de invasões bárbaras na política contemporânea. Putin, Trump, Salvini, Le Pen, Meloni, Orbán, Zemmour, Johnson, Grillo, Bolsonaro, Milei e todos os outros telepopulistas revelam, assim, além dos programas pregados durante as campanhas eleitorais, o terremoto cultural que está abalando os alicerces de nossos sistemas sociais, lembrando as palavras de Antonio Gramsci: “O velho mundo agoniza, um novo mundo tarda a nascer, e, nesse claro-escuro, irrompem os monstros”.

Não é por acaso que esses personagens busquem recursos simbólicos na bacia semântica não da política, mas dos feiticeiros, piratas, anômicos, pistoleiros ou caubóis, entre referências arcaicas e espectros futuristas. O apelo que exercem é diretamente proporcional ao alcance destrutivo e espetacular de sua mensagem, à sua promessa de derrubar o *status quo* ao acolher as pulsões antipolíticas que serpenteiam o imaginário coletivo. É por isso que, no fundo, não lhes convém governar. E, quando ganham responsabilidades políticas, são incapazes de manter o consenso por muito tempo, logo se mostrando pelo que são: simulacros de mudança social. São produtos da indústria cultural, destinados para uso e consumo de um público movido por uma vocação inconsciente para a distração e a destruição, criados mais por seu alcance onírico do que por qualquer propósito pragmático.

Os programas políticos dos telepopulistas contam muito menos do que os feitiços, as fantasias, as seduções e todas as outras artimanhas comunicacionais que os sustentam – estas são até mesmo seu conteúdo primordial – e transfiguram a racionalidade política em uma espécie de neomisticismo de fundo pagão e oculto, em um estilo que oscila entre o carnavalesco e o *trash*. Operações desse tipo contribuem para dessacralizar as estruturas simbólicas do poder moderno, precipitando o surgimento de outros regimes semânticos em sintonia com as formas de sentir forjadas nos laboratórios do imaginário e dos meios eletrônicos.

Ao analisar de perto esse fenômeno, observamos que o passo crucial em direção a esse horizonte foi dado antes do advento do telepopulismo, na virada do século XXI. De fato, foi a "sociedade do espetáculo", segundo a expressão de Debord (1992), que libertou impetuosamente fantasmagorias, sonhos, afetos, paixões e desejos que constituíam explosivos imaginários – ou melhor, bombas-relógio – capazes de atacar o coração do poder burocrático, carismático e tradicional, desconstruído por Max Weber. Embora não tenha promovido a "imaginação no poder", como desejava a geração de 1968, ela conferiu uma potência quase sagrada à imaginação coletiva e suas performances, sem que estas fossem coordenadas sob a égide das culturas hegemônicas. Daí resulta sua barbárie, um efeito perverso cujas consequências ainda são amplamente desconhecidas, pois atuam nas dobras e feridas do cotidiano.

> Portanto estamos, hoje, conectados a vastos repositórios de conhecimento, e ainda assim não aprendemos a pensar. Aliás, vale o oposto: aquilo que se pensava para iluminar o mundo, na prática, o escurece (Bridle, 2019, p. 24).

2
Excurso sobre o excesso

Benjamin observa que a multidão – que ele chama de "massa" – protege o criminoso de seus perseguidores. É desse cenário e dessa multidão que nasce o romance policial. A polícia não aparece apenas na literatura: ela se insinua em todos os lugares entre os muros da cidade [...]. Com o advento do cinema, as câmeras logo se tornaram câmeras de vigilância.

Frédéric Pajak, Manifeste incertain

Ciberespaço. Uma alucinação consensual vivenciada diariamente por bilhões de operadores autorizados, em todas as nações, por crianças que estão aprendendo conceitos matemáticos... Uma representação gráfica de dados abstraídos dos bancos de todos os computadores do sistema humano. Uma complexidade impensável. Linhas de luz alinhadas no não espaço da mente, aglomerados e constelações de dados. Como luzes da cidade, se afastando...

William Gibson, Neuromancer

A grande festa inaugurada pela sociedade do espetáculo adorna o saber-poder com mitologias sedutoras que, ao mesmo tempo em que lhe permitem agir de forma eficaz sem recorrer à força, também tendem a manchar seu prestígio, pois exumam a parte não racional e passional do corpo social, que foram cuidadosamente refreadas por muito tempo. A partir de meados do século XX, pela primeira vez desde a revolução industrial, instintos intensos que só podem ser plenamente satisfeitos na perdição total passaram a ser liberados de forma retumbante. O gasto improdutivo de energia pessoal e coletiva, fora do âmbito do trabalho e da reprodução social, excedeu, então, toda racionalidade e medida em nome do prazer. As escolhas políticas, culturais e econômicas feitas entre as décadas de 1950 e 1980 são, nesse sentido, perigosas, pois oferecem outra chave de leitura do cotidiano, concedendo a quase toda a população doses de prazer e lazer, interlúdios bem delimitados de volúpia e indulgência, em concordância tanto com a produção econômica quanto com a moral estabelecida.

Na verdade, é justamente durante essa fase – da qual derivam os múltiplos excessos que pontuam nosso cotidiano atual – que a caixa de Pandora foi aberta de maneira irreversível e que uma espécie de *psico-vírus* foi injetada sob a epiderme: um desejo de distração generalizada, de evasão para longe do paradigma da racionalidade política marcada pelo progressismo. Como sugere a esse respeito Michel Maffesoli (1982), o arquétipo do prazer coletivo mais desenfreado, a orgia, irrompe escandalosamente no cenário contemporâneo, tornando-o obsceno. Suas encarnações mais recentes são Grindr, Pornhub, OnlyFans, o *chemsex* (Estellon, 2020), a prática de *stalking*, bem como todas as plataformas tecnossociais da pornocultura, do Instagram aos clubes berlinenses Berghain e KitKat, passando pelos *reality shows*, interpretáveis como abatedouros cintilantes do humanismo.

Em termos estritos e gerais, um êxtase do sujeito está, hoje, em ação: um tipo de performance excessiva, um acidente no qual o *eu* desaparece no momento em que encontra o outro e se torna ele próprio um outro que não é ele mesmo. Testemunhos diretos disso são as infinidades de *selfies*, *lives*, *reels* e *stories* em que o indivíduo se representa por meio de um jogo de máscaras e de uma estetização que, ao mesmo tempo em que o transformam em obra de arte, extinguem sua independência e consomem sua existência. Assim, paradoxalmente, o *storytelling* perfeito do sujeito, sua metanarrativa espetacular, coincide com sua dissipação fatal.

Do ponto de vista político e institucional, essas práticas atestam a natureza ambígua do erotismo societal atual, fonte de gratificação e até mesmo de reconhecimento para aqueles que as praticam, mas também de desejos insatisfeitos, mais imperiosos e ambiciosos, em uma tensão permanente que privilegia o querer ser em detrimento do dever ser. Em outras palavras, a transformação do público em obra, atualizada pelas paisagens midiáticas contemporâneas e nas ruas, acolhe estilos de vida e modos com nuances hedonistas que confundem os princípios fundamentais da ética capitalista de obediência protestante (Weber, 1904). Por outro lado, o capitalismo neoliberal promove e perpetua um outro espírito do tempo, com o objetivo de tornar o não trabalho em atividade produtiva sem que os sujeitos percebam, sob a ação de uma mão invisível que faz da distração despreocupada a força de trabalho mais preciosa e, ao mesmo tempo, uma mercadoria suculenta.

Cada *post*, *like* ou *follow* nas redes sociais, assim como toda comunicação que participa das formas elementares da vida digital, se estabelece como processos capazes de alimentar a matriz, fontes de produção e consumo, mas sobretudo de análise, previsão e controle de comportamentos sociais. Podemos interpretar esse esforço como o fechamento do ciclo da dinâmica de domesticação da ação social comunicativa em sua forma mais leve. Trata-se da contraofensiva dos saberes-poderes contemporâneos frente às pulsões societais animadas pelo desejo de distração, jogo e espetáculo.

No entanto, para melhor entender essa alquimia, é necessário dar um passo atrás e observar a fase em que o nascimento da web e o surgimento da cultura digital, com suas tonalidades libertárias, irreverentes e festivas, geraram uma espécie de encantamento generalizado que anunciava o advento de inteligências coletivas e conectivas, novas utopias sociais, revoluções vindas de baixo, uma proliferação de culturas de fãs e outros milagres prodigiosos capazes de recriar o mundo a partir dos sonhos, da imaginação e de um espírito lúdico.

Hoje, assim como ontem, as instituições não param de impor limites a esse tipo de vacância de valores, delimitando com precisão o tempo livre e se esforçando para elaborar códigos de conduta que circunscrevam e estigmatizem o caráter mais anômico e perigoso da luxúria festiva, a qual é colocada como um parêntese regulado que não desafia a autoridade do sistema. No entanto, o cotidiano e seu imaginário exercem incessantemente sua pressão sobre as barreiras assim erguidas, como forças de transbordamento.

Das áreas urbanas com alta densidade simbólica às comunidades eletrônicas repletas de memes irreverentes, dos *afters* das festas techno aos *cosplayers*, passando pelos *reels* carnavalescos e pelos *challenges* mais perigosos, os excessos que marcam as cenas mais significativas da socialidade contemporânea deixam entrever que a moral estabelecida não é mais capaz de conter o que pertence ao sensível, ao emocional e ao imaginário. Bataille, mais uma vez, sublinhou de forma inequívoca a presença imperiosa dessa "parte maldita" no seio do corpo social:

> De fato, do modo mais universal, isoladamente ou em grupo, os homens se encontram constantemente empenhados em processos de dispêndio. A variação das formas não acarreta nenhuma alteração das características fundamentais desses processos cujo princípio é a perda. Uma certa excitação [...] anima as coleti-

> vidades e as pessoas. Em sua forma acentuada, os estados de excitação, que são comparáveis a estados tóxicos, podem ser definidos como impulsos ilógicos e irresistíveis à rejeição dos bens materiais ou morais que teria sido possível utilizar racionalmente (conforme o princípio da balança de pagamentos). Às perdas assim realizadas encontra-se ligada [...] a criação de valores improdutivos [...] (Bataille, 2013, p. 69-60).

A sociedade do espetáculo relança de maneira desmedida um jogo de paixões e fantasmagorias liberadas das tramas da realidade, que resistem ao festivo e ao onírico, exigindo a criação de um mundo inconciliável com as culturas que por muito tempo serviram de pano de fundo às nossas sociedades, um mundo, ao contrário, centrado em emoções, estéticas e fantasias emancipadas das tradições institucionais. Disso resulta uma série de diásporas sociais, rejeições da política e efeitos perversos; é nesse cenário que se destacam, há alguns anos, miríades de redes e grupos com visões de mundo bizarras, *weird*, *fake*, ou, de qualquer forma, completamente desvinculadas das grandes verdades universais e de suas referências éticas, científicas e políticas.

A atração despertada por movimentos como o QAnon, os terraplanistas e os *No-vax*, bem como por grande parte da "complosfera" (Josset, 2015), constitui uma prova evidente e extrema de como grandes setores da sociedade têm moldado universos semânticos autônomos, sem outra legitimação além da fé cega, fanática e apaixonada de seus seguidores. Esse paradigma cultural polifônico é tecnomágico: totens, fetiches e mitologias capazes de unir grupos e garantir vínculos coletivos proliferam de maneira elástica dentro e fora da sociedade oficial. O advento das redes sociais desempenhou um papel essencial nesse sentido, devido a sua capacidade de conectar e relacionar de forma criativa e recreativa visões de mundo de inspiração anômica, desviante, paranoica ou simplesmente alternativa, que os meios anteriores haviam censurado ou negligenciado. Assim, indivíduos antes marginalizados ou isolados em nichos exíguos puderam estabelecer relações graças à Rede, e trocar com seus semelhantes imaginários excêntricos e rebeldes. Uma vez compartilhada, cada um acrescenta, à realidade material, uma nova camada, às vezes contraditória, em conflito com sua arquitetura.

❋

As comunhões de comunidades (quaisquer que sejam) em torno de dinâmicas comunicacionais cristalizam outras tantas *comunicracias*, tramas simbólicas poderosas circunscritas a determinadas situações, a espaços e tempos precisos do vivido. Fundamentalmente, são reinos que, a partir de um *chat room* ou uma *timeline*, uma *hashtag*, um trecho de calçada ou um clube clandestino, restituem sentido aos que os habitam. Essa alquimia ocorre independentemente dos conteúdos veiculados pela mídia em questão, segundo um princípio surrealista que faz com que o imaginário, na esteira das intuições de William Shakespeare, André Breton, Leonora Carrington, Jorge Luis Borges, Italo Calvino, Karin Andersen e Marion Peck, atualize uma paisagem mais real que a realidade.

O processo examinado remete ao excedente simbólico que distingue o corpo social em seu flerte com as mercadorias espetaculares, as vitrines, as telas e as imagens. Por outro lado, de acordo com as interpretações de Karl Marx (2018), Jean Baudrillard (1970), Walter Benjamin (2006) e Massimo Canevacci (2022), a transfiguração do valor material da produção desencadeia um fetichismo em relação aos objetos e serviços oferecidos pelo mercado, que assumem uma aura sagrada e onírica, distante de suas referências políticas e econômicas. De fato, os sonhos que cintilam no acordo entre o consumidor e a mercadoria raramente correspondem à estrutura que lhes serve de pano de fundo, exceto durante os breves momentos áureos das revoluções industriais, como foi o das primeiras exposições universais. Pelo contrário, há algo refratário a toda contenção que sempre escapa à racionalidade do sistema: um excesso de excessos que atesta a anarquia fundamental que agita o espírito das multidões desde seu surgimento nas metrópoles europeias do século XVIII até suas encarnações digitais atuais. É assim que a parte maldita evocada por Bataille ronda entre os subterrâneos da vida cotidiana e as superfícies da indústria cultural, em profunda sintonia com o inconsciente coletivo. Sua obra clandestina é o dado sociológico mais ininteligível – e, no entanto, o mais fundamental – da nossa época.

Os valores improdutivos, para retomar a terminologia de Bataille, desencadeiam desejos, prazeres e atitudes irredutíveis às leis da economia política, mas conformes ao princípio antropológico de memória antiga, que consiste em celebrar a vida, não como acumulação de riquezas, mas em relação às perdas que ela gera. Na cultura moderna, esse princípio é direcionado ao consumo voluptuoso e às experiências midiáticas entre o fantástico, o maravilhoso e o extraordinário, dimensões existenciais agora menos dominadas pelo mito do progresso e da razão abstrata do que pela ética do tempo livre, em que a moral de Prometeu se apaga em nome da desordem criativa de Dionísio.

Embora inscritas em um projeto bem regulamentado, as doses de entretenimento inoculadas no corpo social pela sociedade do espetáculo, com o efeito imediato de sacralizar o profano e vice-versa, acendem apetites que extrapolam o âmbito racional desse projeto. Esses apetites são dirigidos a idolatrias pagãs que lembram o bezerro de ouro da Bíblia, em torno do qual Moisés, ao retornar do Monte Sinai, encontra seu povo em júbilo. É por isso que o discurso de muitos políticos, intelectuais e jornalistas estigmatiza como bárbaros os perigosos contornos da sociedade de consumo, à imagem da reação furiosa do profeta hebreu frente à lascívia festiva à qual seu povo havia se entregado.

> E ao aproximar-se do acampamento, viu o bezerro e as danças. A ira de Moisés se acendeu, e ele lançou de suas mãos as tábuas, e quebrou-as ao pé do monte. Em seguida, tomou o bezerro que tinham feito, queimou-o no fogo, esmagou-o até reduzi-lo a pó, espalhou-o sobre a água e fez com que os filhos de Israel a bebessem. E disse Moisés a Aarão: Que te fez este povo para que trouxesses sobre ele tão grande pecado? Então respondeu Aarão: Não se acenda a ira do meu senhor; tu sabes que este povo é inclinado ao mal. E eles me disseram: Faze-nos deuses que vão adiante de nós; porque quanto a este Moisés, o homem que nos tirou da terra do Egito, não sabemos o que lhe aconteceu. E eu lhes disse: Quem tem ouro, arranque-o. E deram-no; então o lancei no fogo, e saiu este bezerro (Bíblia, Êxodos 32:19-22).

Na esteira de pensadores como Walter Benjamin e Alberto Abruzzese, que atualizou essa passagem no contexto da sociedade de consumo (Abruzzese, 1996), o bezerro de ouro é um artifício pagão que prefigura o *kitsch* moderno e contemporâneo. De fato, uma vez que se identifica na cultura de massa um monstro a ser abatido ou uma anomia a ser corrigida, os novos detentores da moralidade pública agem sobre o público da indústria cultural como se fosse um objeto a ser moldado para redenção e integração ao sistema. Em termos concretos, sempre que um sinal ou atitude de mau gosto é interceptado na vida cotidiana, especialmente nos excessos de consumo ou espetáculo, toda a bateria discursiva das políticas culturais é acionada para restabelecer os cânones da beleza, da justiça e da bondade. Assim, tenta-se definir as categorias de gosto que orientam os estilos de vida e as normas sociais.

No caso da cultura de massa, entretanto...

> [...] bom e mau gosto tornam-se categorias labilíssimas, que não podem, de modo algum, servir para definirem a funcionalidade de uma mensagem que provavelmente desempenha funções bem diversas, no contexto de um grupo ou de toda a sociedade. A sociedade de massa é tão rica em determinações e possibilidades, que nela se estabelece um jogo de mediações e reportações entre cultura de descoberta, cultura de puro consumo, cultura da divulgação e da mediação, dificilmente reduzíveis às definições do belo e do kitsch.
>
> Em muitas dessas sisudas condenações do gosto massificado [...] nunca se abre espaço para o consumidor médio (para cada um de nós, na pele do consumidor médio), que, no fim do dia de trabalho, pede a um livro ou a uma película o estímulo de alguns efeitos fundamentais (o arrepio, a risada, o patético) para restabelecer o equilíbrio de sua vida física ou intelectual (Eco, 1979, p. 87).

Cada um de nós, como consumidor ou espectador, se encontra, em certos momentos, de forma mais ou menos consciente, neste equilíbrio que reconcilia a cabeça e o ventre, favorecendo o materialismo do corpo. Trata-se de uma condição perniciosa para a ordem dos sistemas político-sociais, pois desvia o consumidor de seus deveres de cidadão. É, portanto, necessário que o discurso crítico consiga domar as pulsões em direção ao consumo e ao espetáculo.

A indústria cultural especula sobre a descoberta, ou melhor, sobre a revelação da parte maldita do público para satisfazer suas pulsões e transformá-las em mercadorias antes de integrá-las ao sistema. Disso resulta um cenário de vigilância total do corpo social, semelhante aos descritos no romance *1984*, no filme *THX* ou na série *Black Mirror*. Não há punições, mas recompensas, como no episódio "Quinze milhões de méritos" de *Black Mirror*, nada é imposto, mas persegue-se cada ator social pessoalmente, examinando suas comunicações, comportamento e consumo com o objetivo de antecipar seus movimentos e atender às suas expectativas com bens e serviços sedutores. Mais do que nunca, é preciso entender o ato de seduzir conforme a etimologia do verbo: conduzir para si. A estratégia, longe de ser inofensiva, visa trazer as fantasias e os sonhos que abundam o imaginário coletivo para o domínio das mercadorias e do espetáculo. Assim, por exemplo, até mesmo os ícones mais extremistas da rebelião e do desconforto, desde as caveiras às armas e aos suicídios, são reunidos em registros narrativos e *storytellings* que, ao representá-los esteticamente, suavizam seus efeitos mais corrosivos para a ordem estabelecida.

Por meio de um efeito de retomada simbólica e resposta inconsciente a essas recuperações, as tensões niilistas e as deserções de todos os tipos que borbulham no corpo social manifestam um desejo latente de destruição generalizada de si mesmo e do mundo. Evidências claras disso podem ser vistas na adesão aos fanatismos religiosos novos e antigos, aos telepopulismos, aos movimentos supremacistas, xenófobos, *incels* e neonazistas, bem como na indulgência ou indiferença em relação ao terrorismo, que vem crescendo e florescendo entre as camadas sociais frágeis e rebeldes desde a década de 1970, da Itália à França, passando pelos Estados Unidos. Além de suas diferenças e nuances, todas essas situações têm em comum a pulsação de instintos destrutivos do imaginário coletivo que não foram metabolizados pelas políticas culturais e seus avatares. Se observarmos atentamente, quanto mais essas políticas estendem sua dominação de maneira totalizante, mais aquilo que lhes resiste assume formas e tons radicais.

A exacerbação dos excessos, das violências e das efervescências coletivas em várias formas antissociais – por exemplo, durante a recente pandemia, sob a forma de festas ilegais, violência doméstica, o *Comboio da Libertade*[2] e brigas em locais públicos – sinaliza a conversão progressiva em barbárie da massa outrora domesticada e confinada ao papel de público dócil ou inerte, que só tinha a possibilidade de consumir e aplaudir no momento certo. No caso do confinamento imposto em quase toda parte para conter a propagação do coronavírus, a população inteira foi fragmentada, como em um *happening* mundial, em indivíduos distintos governados por um princípio ativo que consistia em permanecer passivo – "Fiquem em casa!" –, o que gerou frustrações e traumas que ainda afetam nossas sociedades de várias formas: depressões, suicídios, divórcios, sociopatia, hipocondria e isolamento (Marchetti; Romeo, 2020; Simard; Blanchet-Gravel, 2022). Esse caso mostra precisamente o quanto o esforço das instituições para neutralizar os impulsos e agitações da população – tal era o caráter de quase todas as medidas de distanciamento social

[2] N.T.: Convoi de la liberté (FR) ou Freedom Convoy (EN), em português Comboio da Liberdade, foi uma série de protestos e bloqueios de estradas organizados por caminhoneiros no Canadá contra as restrições sanitárias durante a pandemia e a obrigatoriedade da vacina contra a Covid-19.

entre 2020 e 2022 – resulta, a médio e longo prazo, no exato oposto, irritando os cidadãos a ponto de torná-los rancorosos, hostis e desequilibrados em alguns casos.

A impetuosidade e as dissonâncias sociais não se expressam apenas por manifestações públicas e ações coletivas, mas se espalham de forma viral até as menores veias da vida cotidiana, do *underground* ao *mainstream*, começando pelas formas estéticas. O *kitsch* das modas urbanas, o mau gosto das conversas no Twitch, a insolência dos memes, a irreverência dos NFTs (*non-fungible tokens*), os gritos, as feridas e toda a "estética do mal-estar" (Attimonelli , 2020) que permeia a iconologia contemporânea são sinais de um deslizamento de terra que abala a ordem da modernidade e revela sua profunda impotência para restabelecer a harmonia social. Segundo Maffesoli (2003, p. 71), "o excesso simplesmente revela um estado de espírito latente que vê na revolta paroxística, em uma morte realmente encenada, a única alternativa a uma existência asséptica na qual a certeza de não morrer foi trocada pela certeza de morrer de tédio".

Cada excesso contemporâneo corresponde a um foco coletivo que é, ao mesmo tempo, causa e efeito de ritos e encantamentos, em um cenário em que não são mais as categorias clássicas de história, política ou religião que contam, mas as mitologias palpitantes do *aqui e agora*, em torno de paixões, estilos e emoções compartilhadas. Longe dos domínios do conhecimento abstrato ou da pedagogia social, estamos imersos – como é emblemático nos jogos de RPG, nos MMORPGs e, de modo geral, no *gaming* (Tricolot, 2011) – em dimensões esotéricas regidas pela imaginação, pela tele-empatia e pelo princípio da iniciação. O jogo se tornou um verdadeiro mundo, mas não é mais um jogo, como exemplifica perfeitamente a história social do Twitch (Taylor, 2018).

Essa plataforma de transmissão ao vivo de videogames, comprada pela Amazon em 2014, surgiu em 2011 como um *spin-off* da televisão reticular, pessoal e interativa *Justin.tv*. Esta oferecia aos seus usuários um serviço de *live streaming* que lhes permitia realizar uma aspiração social de transformar a sua vida pessoal em obras de arte espetaculares: uma espécie de show daquilo que antes era chamado de massa, para a própria massa. Muito além dos 15 minutos de fama a que, segundo Andy Warhol, cada um tinha direito na época da cultura pop, trata-se aqui de uma estetização difusa e permanente da existência banal que se torna extraordinária graças a um processo de autoencenação. Se a cultura pop, antecipando o Snapchat, o Instagram e o TikTok, baseava sua missão na capacidade de acolher o desejo de autoespetacularização e autonarrativa que, no alvorecer do terceiro milênio, se afirmava entre os internautas, o Twitch se concentrou nos videogames. Este serviço permite que os *gamers* joguem filmando-se ao vivo como *streamers* ou produtores de conteúdo, ou ainda aproveitem as partidas como espectadores e assinantes. Mais uma vez, como no caso do papel atribuído à população durante a pandemia da Covid-19, o princípio de integração social em ação é controverso. Por um lado, já não é mais o jogo em si que importa, mas a exposição que ele oferece ao sujeito; por outro, o núcleo do sistema repousa na socialidade que se desenvolve nas transmissões ao vivo, promovendo uma versão totalmente interpassiva[3], em múltiplos níveis, do *gaming*: o jogo consiste, na verdade, em assistir aos outros jogarem, enquanto se conversa, se troca *emojis* e se criam laços.

---

[3] Segundo Žižek (2011, p. 37), a interpassividade é uma atitude na qual a alteridade prevalece sobre o eu, "de tal modo que é o próprio objeto que desfruta do espetáculo em meu lugar".

O portal possui um valor simbólico fundamental no imaginário contemporâneo. Ele exibe e concretiza a dinâmica do público em se tornar obra, inaugurada com a difusão social da fotografia durante a segunda metade do século XIX, em todas as suas facetas: a encenação de si mesmo como um jogo, no próprio ato de jogar, é, ao mesmo tempo, uma forma de gratificação estética para todos que aspiram à visibilidade e à glória mediática, e a realização definitiva da alienação e da reificação do corpo social. Sem estarem plenamente conscientes disso, os *gamers* e *viewers* são transformados pelas mãos invisíveis da nova economia em força de trabalho, em mercadorias e em dados que alimentam, em uma espiral envolvente e viscosa, o novo capitalismo da informação. Por um lado, seu *gaming* absorve todas as dimensões existenciais, tornando-se a matriz psicocultural da nossa época; por outro, é invadido e contaminado pelo mundo do não jogo. Não é por acaso que, nos últimos anos, a plataforma tenha sido habitada pelos mais diversos personagens, que a abastecem com conteúdos de política, sexo, religião, esporte, moda, marketing. Trata-se, portanto, de um importante laboratório social, um campo de batalha semiótico. Seus usuários, com seu hedonismo febril, desfazem a sociedade e, ao mesmo tempo, geram redes e comunidades que, embora frívolas nos conteúdos que consomem com despreocupação entre *emojis* e palavras cifradas, são sólidas nas afeições e nos símbolos que lhes permitem vibrar em uníssono e sentir que pertencem juntos a um corpo comum. A matriz dos videogames provoca uma forma de vício – a dependência mais absoluta – em seus usuários, que são simultaneamente os protagonistas e os objetos dela. Oferece também a obstinada liberdade de continuar a jogar apaixonadamente. Como se tudo fosse apenas um jogo.

3
A atmosfera festiva

Mulheres usavam casacos de pele, apesar do calor de julho. Homens provavam ternos novos e corriam ao mesmo tempo. "Esmirna! Esmirna! Esmirna!", Desdêmona prosseguia em seu lamento, e eu já tinha ouvido falar tanto de Esmirna, com apenas sete anos, que grudava na tela da tevê para ver como havia sido. Mas não entendia. Certo, havia prédios em chamas, corpos largados nas ruas, mas o clima não era de desespero. Nunca, na minha vida inteira, tinha visto gente tão feliz. Homens tocavam instrumentos retirados de uma loja de música. Outros distribuíam, por uma vitrine quebrada, garrafas de uísque que eram, em seguida, passadas de mão em mão. Parecia mais uma festa de rua do que um tumulto.

Jeffrey Eugenides, Middlesex

O imaginário do consumo e do espetáculo, terreno fértil para a socialidade digital, é constantemente atravessado por tensões e trocas entre a moral estabelecida e a ética do cotidiano, ou seja, entre as elites e o corpo social. Quanto mais as massas de outrora se fragmentam em subculturas, tribos, grupos, comunidades eletrônicas e redes heterogêneas, mais a paisagem comunicacional se adapta às novas realidades, estabelecendo novos equilíbrios entre a norma e a anomia. O arquipélago da web, assim como o das metrópoles e dos panoramas pós-urbanos, caracteriza-se pela multiplicidade de áreas semânticas, cada uma delas regida por seus próprios pactos, afetos e valores, sem referência precisa aos códigos hegemônicos. Por isso, há muito tempo já parece forçado tentar restabelecer categorias binárias como *mainstream* e *underground* ou culturas versus subculturas. A proliferação das redes mostra, ao invés disso, a emergência e a flutuação de bolhas, *crews*, cenas, movimentos e outras configurações que perturbam a ordem piramidal e social à qual nossas sociedades estavam habituadas.

O desenvolvimento do *coolhunting* nos anos 1980 reflete o mesmo mecanismo na moda. A implementação de caçadores de tendências no tecido urbano, em busca de elementos de alta densidade simbólica e emocional, especialmente nas periferias e áreas repletas de impulsos rebeldes e alternativos, permitiu que esse processo se estabelecesse na alternância entre a lógica do *trickle-down* (economia do gotejamento) e a do *bubble up* (movimento de ebulição), baseada na emergência de estilos e tendências provenientes de baixo e capazes de influenciar as formas de se vestir e o *habitus* social. Se, a partir dos anos 1950, essa dinâmica procurou absorver os códigos provenientes das subculturas – *hippies*, *punks*, *teddy boys*, paninaro, etc. –, há algum tempo ela se integra a cada segmento da vida cotidiana em efervescência cultural, dando origem a formas de estar-junto independentes dos enquadramentos das instituições e dos mercados.

Nas esferas da comunicação e da moda, bem como na política, música, fotografia e tantas outras expressões contemporâneas, o paradigma das relações entre o topo e a base de nossas sociedades está se transformando, tendendo a relativizar, se não a confundir, as injunções emanadas dos estratos superiores para atribuir valor e peso aos de baixo. O que vem das elites e dos centros, desprovido de autoridade e de *coolness*, é visto com desconfiança no contexto contemporâneo, enquanto todos os imaginários até então periféricos, subalternos e minoritários (pós-colonialistas, LGBTQIAP+, ecologistas, veganos, etc.) recebem uma atenção particular. Essa mudança de marcha indica, por um lado, a saturação dos valores que moldaram nossa cultura por muito tempo e, por outro, o surgimento de iconologias, paixões e sentimentos anteriormente negligenciados. No entanto, não estamos lidando com uma simples alternância entre esses dois polos, mas com a tentativa, por parte dos sujeitos dominantes, de auscultar o que pulsa na base e exerce pressão a partir das margens, integrando-as ao sistema sem modificar sua essência, por meio de estratégias estéticas semelhantes ao *greenwashing* e ao *pinkwashing*.

Com a emergência e a ascensão das dinâmicas vindas de baixo e das margens na transição entre os séculos XX e XXI, as instituições sociais e culturais adotaram uma nova orientação, um deslocamento simbólico na vida cotidiana: trata-se de discernir as fontes simbólicas desta e traduzi-las em estereótipos, códigos e linguagens funcionais à ordem social. Nos termos desta pesquisa, o que ocorreu foi uma conversão do esotérico para o exotérico. O desvelamento de conhecimentos locais, sensibilidades particulares e imaginários secretos é, portanto, o primeiro passo – por meio da incorporação – para adornar de sentido as formas estéticas e comunicacionais que perderam seu prestígio. É por isso que frequentemente assistimos à transformação do discurso político clássico em *tweets* repletos de *emojis*, e vemos líderes de opinião ou professores universitários se transformarem em influenciadores ou *tiktokers*. De modo geral, estamos testemunhando, por um lado, a passagem da política-espetáculo para a politização do espetáculo, em que a mídia deixa de ser uma caixa de ressonância dos poderes tradicionais para se tornar a forma de poder por excelência da nossa época – de Berlusconi a Zelensky, passando por Schwarzenegger e Trump. Por outro lado, vemos o capitalismo recorrer a truques e efeitos especiais, adornando-se com superfícies *punk*, verdes ou *cool* para compensar seus pecados e parecer coerente com o espírito do tempo. O aspecto místico, filantrópico ou vanguardista de figuras como Steve Jobs, Bill Gates e Elon Musk corresponde exatamente à tentativa de reabilitar, por meio de uma alma tecnomágica, dimensões econômicas e culturais agora anêmicas.

Sucessos retumbantes e fracassos embaraçosos se alternam no drama social em pleno desenvolvimento que acabamos de descrever. Fragmentos da existência ordinária, imunes às seduções do marketing, perduram, resistindo aos estereótipos que tentam domesticar suas pulsões anômicas, rebeldes ou selvagens. Daí a vadiagem, as *trips*, as *raves*, os ultrajes à moralidade pública, a obscenidade e as numerosas diásporas que saturam o espírito do tempo, bem como a fuga de qualquer centro, qualquer universalismo, qualquer verdade oficial e qualquer agente externo ao corpo comunitário.

A teatralização da existência e a espetacularização do ordinário – quando cada oportunidade é aproveitada para reduzir as horas de trabalho, inundar a cidade com ritmos musicais e acender pavios festivos em todo lugar – são sinais de uma turbulência que envolve o corpo social, mergulhando-o em um estado de efervescência. Mesmo que as festas sejam planejadas de cima para baixo, com festivais de música, noites em claro, desfiles urbanos e celebrações altamente comerciais, o corpo social reserva surpresas insuportáveis para a moral estabelecida, dando origem a cenas excessivas de júbilo e violência e se entregando a gestos de delinquência sem sentido, êxtases furiosos e atos inexplicáveis, nos quais o que importa é vibrar em uníssono e compartilhar uma excitação, até mesmo uma alucinação. Assim, toda festa oficial é reapropriada por seus participantes e assume a carga simbólica das celebrações primitivas, com o efeito de fortalecer a comunidade e estabelecer um vínculo de comunhão entre seus membros. Em um contexto tão confuso, no qual o social manifesta toda sua astúcia dionisíaca, ou seja, sua capacidade de deformar o sentido do que lhe é imposto e de criar uma liberdade intersticial no que tem de fazer, a festa

> [...] destrói toda regra mais do que a transgride. Porque a transgressão não implica desordem nem devassidão, aos quais geralmente se tenta reduzir a festa. Esta destrói os códigos e as regras não porque os viole ao reconhecê-los, mas porque confronta o homem com um universo desculturalizado, um universo sem norma, onde o *tremendum* gera uma espécie de terror (Duvignaud, 1973, p. 55).

As fases em que essas manifestações de luxúria irrompem, como a que estamos vivendo atualmente, são geralmente marcadas por mudanças radicais. Mais precisamente, elas resultam do hiato entre as altas esferas da sociedade e suas bases, quando a vida cotidiana pulsa em um ritmo diferente daquele das instituições que deveriam representá-la. Nessas ocasiões, o corpo social revela as falhas do sistema, introduzindo nele novas substâncias.

A grande festa é celebrada e consumida nos cenários contemporâneos – inclusive aqueles recentemente censurados sob pretexto de saúde e segurança –, entre a rua, a Rede e outras telas, dos clubes techno berlinenses ao *RuPaul's Drag Race*, do Grindr e Tinder ao carnaval de Olinda, passando pelos concursos de *cosplay*, desfiles urbanos, jogos de RPG, *streams* infinitos no Twitch e tendências no TikTok. Superexcitada pelas relações entrelaçadas dos fluxos comunicacionais, ela parece mais que nunca dedicada à distração-destruição da ordem estabelecida a partir de seu fetiche original: o indivíduo racional e autônomo que surgiu com o Renascimento.

> De Martino havia olhado [...] para a vida árdua dos dançarinos, e percebia algo muito diferente no gesto de balançar daqueles que se dedicavam à tarantela. O balançar, nas profundezas da crise, assemelhava-se à pendulação de um cadáver, sugerindo um impulso secreto de enforcamento, que, desde a antiguidade, como relatam os historiadores, havia sido frequentemente seguido pelos possuídos; mas o balanço, ao mesmo tempo, remetia ao embalo inerte da infância, a uma regressão benéfica ao início da vida, que fazia com que meninas e meninos encontrassem a potência de transformar esse gesto em uma prefiguração de um abraço. Em suma, morte ou amor. Dois termos de uma alternativa cuja proximidade já era evidente no delírio das Bacantes, e que Platão havia associado ao choque de dois movimentos opostos, a uma luta que acontece no corpo (Pecere, 2021, p. 60).

A tecnomagia contemporânea, com os tremores que ela provoca em torno de seus centros simbólicos e fetiches, bem como nas suas dobras contaminadas pelo novo espírito capitalista, é a dimensão social na qual ocorre o sacrifício exultante do humanismo. Portanto, a festa que emerge entre as margens e o centro do sistema é trágica e contraditória, como em outras épocas, conforme lembra Duvignaud (1973, p. 56):

> [Os sobressaltos desse tipo] se infiltram nas fissuras das civilizações no momento em que essas civilizações são afetadas pela mudança. Mudança que pode ser provocada pelo contato com outro grupo humano, uma guerra, uma epidemia, ou que pode resultar de

> uma transformação interna, destruidora da cultura estabelecida. Nessas fases de metamorfose, as representações e símbolos que, geralmente, satisfazem os desejos humanos, não conseguem mais conter a expansão de uma "libido" brutalmente descoberta.

Há, de fato, algo irreprimível e obsceno nos excessos contemporâneos, impregnados por sentimentos que misturam alegria e violência, leveza e niilismo, euforia e dor. Sob essa perspectiva, parece indispensável apreender e examinar de perto o vínculo íntimo, mas inefável, que existe hoje, mais do que nunca, entre terrorismo, pornocultura, guerras, culto ao banal, exploração em massa, superficialidade generalizada, alienação e tudo aquilo que reafirma, segundo o ponto de vista de Bataille, a união inseparável entre erotismo e morte. As tensões que emergem, cujas convulsões festivas e derivações violentas são expressões exacerbadas, acolhem e intensificam a crise da cultura ocidental e moderna, com inúmeros ritos de passagem, cerimônias e figuras trágicas.

A sensibilidade que o corpo social mobiliza atualmente é a fonte e o fruto de uma força anômica que impregna a realidade e corrói a abordagem utilitarista, progressista e racional de nossas instituições. Ela coincide com o sacrifício do indivíduo e a gestação de uma nova carne na qual o ser humano não é mais o alfa e o ômega. Para surpresa dos pesquisadores e observadores das ciências sociais, e apesar da crise que serpenteia pela vivência contemporânea, persistem zonas ardentes de socialidade, onde florescem práticas e imaginários animados, até mesmo jubilosos, delineando formas homogêneas de existência dentro da multidão. Diante de suas variadas nuances, os grupos, estilos e códigos que permeiam as paisagens contemporâneas exibem uma textura comum, no comum, composta tanto por uma capacidade de resistir a todas as pressões econômicas, políticas e culturais quanto por um fôlego recreativo e recriativo.

A tecnomagia tecida por *youtubers* e influenciadores, *streamers* e blogueiros de moda, pela Netflix, pelo OnlyFans e pelo BeReal, enfeitiça e aliena, constrange e vampiriza, mas, ao mesmo tempo, une corpos, atrai afinidades conectivas, desperta paixões arcaicas e estimula visões futuristas. Assim, enquanto tudo é programado para domesticar o usuário final, traçar o perfil de suas atividades, monitorar suas ações e prever seu comportamento, a troca simbólica e emocional que ocorre no campo da comunicação, no consumo, entre vitrines e *webcams*, engendra novas e transbordantes tramas narrativas, comunidades inquietas, *fandoms* exuberantes, ou seja, uma infinidade de figuras sociais que não se contentam com o que lhes foi oferecido, pois aspiram a estar no palco, a criar obras ou a se tornar obras, até mesmo uma obra de arte sem arte.

Em uma espiral febril de lançamentos contínuos, o sistema de produção tanto sacia quanto droga o público, que devora o que recebe para aumentar ainda mais suas demandas, até saborear o desejo vertiginoso de ultrajar os projetos dos arquitetos, escritores ou engenheiros, substituindo-os. Até que ponto o sistema pode suportar tal dispositivo sem que sua estrutura seja danificada? Quanto tempo ainda será possível conter impulsos tão desenfreados na economia política vigente? Pode-se realmente atribuir à lógica do capitalismo as múltiplas violências e os acessos eróticos que inflamam a rua e a web? E se todas as turbulências que marcam nosso presente, em sua euforia niilista, fossem na verdade os indícios contagiosos de uma mudança de paradigma?

É preciso observar atentamente os desvios anômicos da socialidade, entre o uso desenfreado de drogas e a sexualidade desregrada, o consumo irracional e as idolatrias, os fetiches, as práticas de risco e as incandescências festivas, que concretizam uma verdadeira mutação cultural e antropológica. "Essas formas de anomia são manifestações de ruptura e, ao mesmo tempo, a descoberta de um universo não desordenado, mas sem regras. Diferença fundamental que nos impede de integrar a festa à vida social normal, pois ela é sua destruição concertada." (Duvignaud, 1973, p. 56). O corpo expandido do consumidor, espectador, depois cibernauta, fã e criador de memes, no Telegram, Twitch, Instagram ou Pornhub, embriagado pela profusão de bens e comunicações dos quais é ao mesmo tempo objeto e sujeito, é o protagonista paradoxal das novas cerimônias dos meios de comunicação, cuja manifestação coincide com seu desaparecimento.

O dispositivo de consumo produtivo, alavanca das recriações/recreações contemporâneas, leva a uma constante reversibilidade entre trabalho e dissipação, jogo e alienação, prazer e dor. Nesse cenário, no qual o usuário final atua artisticamente ao mesmo tempo em que desempenha o papel de uma engrenagem do mercado[4], tudo o que é sacrificado nos altares e nas fogueiras do consumo e da comunicação serve, por um lado, para consolidar o estar-junto em todas as dimensões em que se desdobra, por outro, para renová-lo queimando identidades, totens e símbolos considerados obsoletos. É por isso que os *likes*, *follows*, *matches* e corações das redes sociais são corolários das microagressões, *trolls*, comportamentos tóxicos, *fakes* e de tudo que emana da esfera dos *haters*. Todos

[4] Basta assistir ao primeiro episódio da sexta temporada de *Black Mirror*, "Joan is awful", para captar todas as nuances dessa estetização paradoxal. A protagonista descobre que se tornou o objeto de uma série de televisão sobre sua vida em tempo real. O formato prevê que qualquer pessoa possa, no site *youareawful*, inserir uma foto de si mesma para se tornar famosa, cedendo os direitos de imagem para a plataforma em questão.

esses são, na verdade, reações epidérmicas ao estado de confusão provocado pela promiscuidade total que exerce pressão em nossa época: *always on*, sempre em contato próximo com o outro, disponíveis, expostos.

Não há mais espaço para respirar entre as correntes sem fio da tecnomagia. Apenas corpos, dados, eletricidade, metal e carne. Fantasmas e autômatos.

Afinal, o que é um influenciador senão uma pessoa digital desencarnada, mas encantadora, que acredita agir por si mesma enquanto, na verdade, está a serviço de seus seguidores e das mercadorias que compõem sua pele? De fato, as vidas de Kylie Jenner, Chiara Ferragni e Alexa Chung (Ercoli, 2020), de maneira bem mais acentuada que as das estrelas de cinema e das vendidas em peças publicitárias de ontem e de hoje, são encenações robóticas e repetitivas destinadas a promover produtos e serviços a qualquer hora do dia e em qualquer lugar, para alimentar o apetite voraz dos fãs e a exacerbar os caprichos do capital, sem interrupção entre público e privado, trabalho e não trabalho, autenticidade e ficção.

A tecnomagia do *storytelling* anula a distância entre o cotidiano dos influenciadores e a cena midiática, fabricando manequins vivos e interativos a partir de sua carne viva. Existências sacrificadas ao culto do espetáculo, ou melhor, ao espetáculo do consumo: as biografias públicas e publicadas dessas novas estrelas, expostas 24 horas por dia nos mínimos detalhes de seu cotidiano, evidenciam o que todos nós vivemos discretamente na condição digital: a alienação e a reificação voluntária, em uma atmosfera festiva, lúdica e superficial, de nossa subjetividade. Não apenas e nem tanto para ganhar *likes*, *tokens*, corações ou dinheiro, mas para estar no mundo de maneira completa, completamente fora de si, nas mãos do outro.

4
Êxtase e alterações

Longe de serem simples ornamentos da nossa época, as imagens são, ao contrário, em uma espécie de espírito neobarroco, sua expressão mais profunda. Espalhadas pelo mundo inteiro, elas expõem, antes de tudo, corpos, e têm feito isso desde o advento da sociedade do espetáculo e do consumo em massa. A iconologia contemporânea das estrelas de Hollywood, influenciadores, *rock stars* e DJs, *youtubers*, avatares, XFactor, *gay prides*, estádios e *fashion weeks* é, acima de tudo, uma exposição permanente de corpos. Corpos sem vergonha nem culpa. Dilatados, maquiados, retocados, refeitos, redundantes, mortificados, desmembrados, em estado de transe e êxtase, corpos sem órgãos, corpos expostos à margem da história e impulsionados pelos *stories* em uma metamorfose perpétua, ao mesmo tempo excitante e perigosa.

> [...] aquilo que vem é *o que nos mostram as imagens*. Os nossos milhões de imagens mostram-nos milhões de corpos – como jamais eles foram mostrados. Multidões, acumulações, tumultos, montões, filas, ajuntamentos, pululamentos, exércitos, bandas, debandadas, fugas, bancadas, procissões, colisões, massacres, carnificinas, comunhões, dispersões, um excesso, um transbordar de corpos sempre em massas compactas e ao mesmo tempo em divagações pulverulentas,

> sempre reunidos [...] e sempre abandonados a uma confusão estocástica de mesmos lugares, à agitação, que os estrutura, de incessante partida generalizada [...]. Este mundo – o nosso, desde já – é o mundo dos corpos porque tem – porque *é a própria densidade do espaçamento*, ou a densidade, e a intensidade, do *lugar* (Nancy, 2000, p. 39-40).

O retorno imperativo do corpo, após três séculos de sacrifício e censura em nome do trabalho, da política e da razão, está rompendo o processo civilizatório implementado pela modernidade, fundamentado na exclusão ou repressão da sensibilidade quando esta ultrapassa os fins da produção econômica e da reprodução social (Le Breton, 2013). Os jogos de signos difundidos pelas cenas urbanas e pelas paisagens midiáticas de alta densidade simbólica convidam os *flâneurs* de hoje a um desfile incessante governado pelo imaginário coletivo e suas próteses tecnossocietais. O corpo está tanto em movimento quanto em mutação, constantemente sujeito ao toque do outro, alterado por substâncias estranhas e injunções externas: contatos, algoritmos, grupos, inteligências artificiais, notificações, solicitações. Passada a era do indivíduo coerente consigo mesmo e sedentário, para sempre pertencente ao mesmo gênero, sexo, cor, classe ou bairro, ele agora vaga, embriagado e desorientado, excitado e desesperado, em busca de um abraço ou do conforto de uma comunidade, antes de partir para outro lugar, para outra situação, obedecendo a uma série de outras afinidades eletivas e conectivas.

O culto ao corpo – não mais confinado a certos círculos restritos da indústria do entretenimento e da moda, mas que se espalha de maneira capilar em todos os aspectos do cotidiano – é inseparável de sua frenética hibridação, amplificada por feitiços, poções, feitiçarias e outros efeitos especiais que atraem os indivíduos, convidando-os a se tornarem eles mesmos por meio da alteração. Assim como cada usuário das redes sociais modifica facilmente seus avatares, apelidos, fotos de perfil e todas as outras manifestações digitais de sua personalidade de acordo com a sensação do momento e a situação que está vivendo, ou seja, em função do grupo ao qual pertence em determinado momento, é comum desenvolver fantasias semelhantes sobre o corpo, como ocorre no mundo digital. *Stickers*, *emojis*, *bitmojis*, *gifs*, filtros e memes, paralelamente aos *piercings*, *nail art*, tatuagens, *botox* e anabolizantes, são as formas elementares da cirurgia estética generalizada, física e simbólica, que desnuda, disseca e reveste nossa carne, das profundezas às superfícies, adaptando-a a uma conjuntura específica – apenas para dissipá-la um instante depois. "A cirurgia é o novo sexo", de acordo com o filme *Crimes do Futuro*, de David Cronenberg. Seja por meio de plásticas para o corpo físico ou filtros digitais no caso da identidade eletrônica, o indivíduo acolhe, por meio dessas intervenções estéticas – a versão mais recente do *sex appeal* inorgânico –, substâncias estranhas para corresponder ao espírito do tempo, fora de si.

O resultado é uma dança frenética na qual cada combinação e figura equivale a um jogo de máscaras diferente, uma nova conjunção, outra história, seguindo coreografias que misturam os mistérios das artes ocultas e a matemática dos códigos informáticos. O rito tecnomágico, envolto em uma aura misteriosa, arcaica e futurista, fornece assim uma série de fórmulas e práticas dotadas de poderes extraordinários, capazes de produzir efeitos imediatos e impressionantes, assustadores e maravilhosos, em uma espécie de desafio audacioso tanto à transcendência quanto à imanência. O sujeito, em êxtase, como se estivesse sob a influência de entorpecentes, acaba se descobrindo diferente de si mesmo.

> Quando Hiro vai se aproximando da Rua, vê dois jovens casais, provavelmente usando os computadores dos pais para um encontro duplo no Metaverso, desembarcando do Porto Zero, que é a porta local de entrada e parada do monotrilho.
>
> Ele não está vendo pessoas de verdade, claro. Isso é tudo parte da ilustração em movimento desenhada por seu computador segundo especificações transmitidas pelo cabo de fibra óptica. As pessoas são programas de software chamados avatares. Elas são os corpos audiovisuais que as pessoas utilizam para se comunicar umas com as outras no Metaverso.
>
> [...] Um avatar pode ter a aparência que se quiser. (Stephenson, 2015, p. 52).

A indústria cultural, ao contrário das instituições sociais tradicionais – escolas, hospitais, prisões, etc. –, não força o corpo social a aprender ou a se engajar em nome de um projeto pedagógico. Ela não o exorta a trabalhar e se conter, mas o embala, incentivando-o a se divertir. Segundo a interpretação de Edgar Morin (2017), ela não impõe, mas propõe. Em vez de obrigar, ela seduz. Em vez de convencer, ela provoca emoções. Em vez de educar, ela entretém. Longe da atitude defendida pelas vanguardas históricas para despertar as massas da letargia em que mergulharam durante a primeira metade do século XX, motivando-as a mudar de alma e pele para depois se levantarem contra o sistema, os dispositivos do espetáculo as mimam. Se Marcel Duchamp, André Breton, Leonora Carrington, Valentine de Saint-Point, George Grosz, Guy Debord e Gianfranco Sanguinetti – para nos limitarmos a exemplos do movimento Dada, dos surrealistas e dos situacionistas –, levavam o público a se reconhecer como sujeito alienado para, então, transformá-lo em sujeito político autoconsciente capaz de reivindicar uma ordem diferente, as estrelas de Hollywood primeiro e, mais recentemente, os blogueiros de moda, influenciadores ou *streamers* incentivam seus seguidores a permanecer exatamente como são, estimulando seus caprichos e prazeres efêmeros. Na prática, a mudança de paradigma consiste em desviar a atenção das estruturas e ideias externas aos indivíduos – o Estado, os partidos, o progresso, o crescimento econômico – em favor do que está diretamente presente em seu cotidiano: autocuidado, bem-estar psicofísico, gratificação pessoal.

O corpo não é mais um instrumento de produção e assume um caráter de fetiche em si e por si, em estreita relação com o ambiente que o envolve e o sistema de objetos e signos que o alteram continuamente. Sua manipulação não é motivada pela intenção de aprimorá-lo como força de trabalho, mas simplesmente para que possa desfrutar, mesmo que por meio de simulacros. Basta percorrer as estantes das livrarias para encontrar *best-sellers* sobre *coaching*, satisfação pessoal, harmonia e equilíbrio. As paisagens digitais, por sua vez, estão repletas de *apps*, formas estéticas, *hashtags*, *trends*, *topics* e de *sites* criados para acolher e impulsionar tanto novas metamorfoses prodigiosas quanto narrativas *body-positive*, contra o *body shaming*, destinadas a difundir a cultura da aceitação de si, respeitando as diferenças, contra as visões canônicas e moralizantes de estilo. Dessa forma, apesar das disparidades e até contradições entre o constante apelo à mutação e o convite à autoaceitação, concretiza-se um processo de sacralização do corpo, seja ele corpo-imagem, corpo-imaginário ou corpo-texto, que se tornou a obra principal de nosso tempo (Preciado, 2008), mesmo quando sua glória coincide com seu sacrifício.

Seja para transformá-lo e realizar um desejo ou para deixá-lo como está, em homenagem ao que ele é, cada corpo em campo participa, como nas cerimônias do *potlatch*, de um processo ritual coletivo e conectivo de se doar aos outros. O entusiasmo da performance – tanto no frisson tecnomágico de tornar-se múltiplo daquele que se entrega ao jogo das máscaras e de retoques quanto na felicidade de quem se deleita com a beleza que tem – traduz e acompanha o indivíduo em um estado jubiloso e confuso, sustentado pela lógica da dependência e da gratuidade. Estamos sob o olhar do outro, presos em suas redes, massageados por seu toque, ao seu bel-prazer.

A prática de *stalking*, popular entre os adolescentes, é reveladora nesse sentido. O ritual consiste em coordenar uma rede de pistas e buscas para geolocalizar pessoas e segui-las fisicamente, identificá-las tanto no espaço físico quanto nas redes sociais, e, finalmente, torná-las disponíveis no mercado do flerte. As gerações nascidas na cultura alfabética, bem como aquelas criadas pela televisão, resistem a essa abordagem e a todas as outras tentativas de violação da privacidade, que consideram ataques à autonomia do sujeito. As culturas digitais que cresceram nas entranhas da Rede, por outro lado, as aceitam com condescendência, na medida exata em que gostam de se sentir embaladas pelos braços dos outros. Assim, espionar e ser espionado, abusos desprezíveis na perspectiva ocidental e moderna, são os padrões do ser contemporâneo, do tornar-se junto e do estar-junto.

"Eu é um outro", escreveu Arthur Rimbaud em 15 de maio de 1871, em sua carta a Paul Demeny. Eu é outro, do outro. No entanto, enquanto o indivíduo é movido e comovido pelo pacto simbólico e afetivo que todos esses processos implicam, dedicado à comunhão e ao comum, a mão invisível do sistema se estende sobre ele para transformá-lo em mercadoria, um conjunto de dados, uma vida à sua disposição. Essa é a face oculta da tecnomagia, que leva os adeptos ao êxtase e à alteração psicossensorial por meio de drogas – no sentido estrito e amplo, dos entorpecentes às séries de TV, NFTs e memes – que, ao mesmo tempo em que satisfazem seus desejos, sorrateiramente os devolvem à ordem da matriz.

> Junk é o produto ideal... a mercadoria suprema. O vendedor não precisa de lábia. O cliente se arrastará pelo meio do esgoto implorando uma chance de comprar... O vendedor de junk não vende seu produto ao consumidor; vende o consumidor ao seu produto. Não melhora nem otimiza sua mercadoria. Piora a qualidade da mercadoria e otimiza o cliente. Paga seus funcionários em junk.
>
> Junk demonstra a fórmula básica do vírus "maligno": a Álgebra da Necessidade (Burroughs, 2016, p. 442-443).

O sistema das drogas, misteriosa válvula de escape da sociedade de consumo, é consubstancial ao surgimento e ascensão das metrópoles, dos meios de comunicação e dos cenários modernos e contemporâneos. Emblemático da superexcitação do indivíduo, que o leva a transcender o princípio de realidade e a se libertar do espaço-tempo ordinário da vida cotidiana, especialmente aquele moldado pelo ritmo alienante da produção econômica e da reprodução social, esse sistema é também usado para apaziguar a anomia e a devassidão sociais com distrações, anestésicos e ilusões. A troca em questão, no entanto, é sempre imperfeita e perigosa, tanto para as instituições quanto para o corpo social propenso a ceder aos encantos do tráfico de drogas, entre os becos sombrios das periferias urbanas e os cantos obscuros da *dark web*, passando pelos banheiros degradantes dos clubes, em todos os interstícios onde mulheres e homens, através de consumos excessivos, saboreiam os prazeres perturbadores e as dores inquietantes do êxtase. Os *ravers* estão bem cientes disso:

> Nosso estado emocional preferido é o Êxtase. Nosso alimento preferido é o Amor. Nosso vício preferido é a tecnologia [...] Nossa política preferida não existe [...] Somos uma enorme aldeia global e tribal que transcende a lei feita pelo homem [...] Fomos atraídos primeiro pelo som [...] E em algum lugar por volta de 35 Hz, podíamos sentir a mão de Deus em nossas costas, empurrando-nos para frente, incentivando--nos a fortalecer nosso intelecto, nosso corpo e nosso espírito. Levando-nos a nos voltar para a pessoa ao nosso lado e unir nossas mãos às dela, compartilhando a alegria incontrolável de criar essa bolha mágica que pode, por uma noite, nos proteger dos horrores, das atrocidades e da poluição do mundo exterior [...] Continuamos a enfiar nossos corpos em clubes, galpões ou edifícios que vocês abandonaram e deixaram à própria sorte, e damos vida a eles por uma noite [...] Mas saibam que, se vocês puderem acabar com qualquer festa, em qualquer noite, em qualquer cidade, em qualquer país ou continente deste belo planeta, vocês nunca conseguirão acabar com a festa inteira. Vocês não têm acesso a esse interruptor, não importa o que pensem. A música nunca vai parar. A batida do coração nunca vai enfraquecer. A festa nunca terminará. Eu sou um *raver*, e este é meu manifesto (The raver's manifesto, 2001).

5
"A cadeia mágica das inferioridades"

O que esta multidão sufocante espera, não é uma desgraça grande o suficiente para que, de sua tensa festividade, surja a centelha, o incêndio ou o fim do mundo, algo que transforme todo esse sussurro de mil vozes em um único grito, como uma rajada de vento revela o forro escarlate de um casaco? Pois o grito estridente de horror, o pânico aterrorizante, é o outro lado de toda verdadeira celebração de massa. O leve arrepio que percorre inúmeros ombros é uma ansiosa espera por esse terror.

Walter Benjamin, Brèves ombres

Cada fuga, devassidão e volúpia inspirada pela indústria cultural remete à exaltação alucinante e lasciva desencadeada pelas drogas e outras substâncias excitantes. Uma sombra paira, assustadora e fascinante, sobre todo o consumo excessivo de ontem e de hoje, assim como sobre os transes festivos de aspectos ambíguos que oscilam entre o politicamente correto e o socialmente disfuncional: a "sombra de Dionísio", como diz Maffesoli (2010), o fantasma da perdição. É por isso que os galpões das noites eletrônicas, as fábricas desativadas onde repentinamente explodem *raves*, bem como os festivais oficiais e outras celebrações de inspiração carnavalesca, nas quais os instintos mais oníricos e, ao mesmo tempo, mais triviais do corpo social são despejados, estão constantemente sob os olhares suspeitos dos sistemas de poder. Contra o "barato", esses sistemas alternam repressões severas e campanhas de conscientização, redução de danos e medidas preventivas destinadas a preservar a ordem do sistema, a saúde e a boa conduta do cidadão. Assim, a violência inerente a esses tipos de aglomerações é censurada ou mitigada, tornando-se inofensiva.

A história social do entretenimento desenfreado, das bacanais aos festivais techno, está impregnada de turbulências, povoada por monstros e regida por princípios contraditórios: confusão versus ordem. Na era moderna, a indústria do espetáculo expande o tempo e o espaço da festa graças à invenção do tempo livre e à difusão generalizada de "mundos de sonho" (Benjamin), enquanto se esforça a todo custo para adequar os excessos da imaginação e os prazeres da carne de volta aos valores estabelecidos. Nos últimos anos, sob a influência de abusos e impulsos incontroláveis alimentados por uma estetização difusa do cotidiano e pela espetacularização da existência ordinária por meio de comportamentos de risco, jogos sem limites, irreverência em relação às elites, abstenção política e outros distúrbios sociais, o Ocidente desenvolveu, na esteira da ideologia neoliberal, diversas estratégias e táticas inéditas. Todas elas têm como intuito incentivar o hedonismo a ponto de torná-lo um mecanismo social desprovido de prazer, transformando o palco institucional em um teatro espetacular e sedutor, movido pelo objetivo de emocionar e entreter o público, para, depois, quando as pressões sociais se tornam irreprimíveis, multiplicar de forma desproporcional os "estados de exceção" causados por terrorismo, crise econômica, pandemia ou guerra.

No que diz respeito ao primeiro aspecto, ao contrário da abordagem clássica adotada pelas culturas hegemônicas ao longo do tempo, sejam elas judaico-cristã, protestante, comunista ou socialista, as novas elites já não exigem a velha contenção social (Fisher, 2020) em nome do progresso, do paraíso, da sociedade perfeita ou de outras teorias de salvação. Elas promovem, ao contrário, formas de vida baseadas na realização pessoal com todas as volúpias da situação, aqui e agora, sem se preocupar com o longo prazo – mesmo que em detrimento ao meio ambiente. No outro aspecto, o poder contemporâneo – de Berlusconi a Zelensky, passando por Macron e Trump – é agora concebido, em todas as etapas, e não apenas durante as campanhas eleitorais, como um show voltado para a emoção pública, contornando a opinião pública, um show que ignora qualquer forma de abstração, programa ou racionalidade que não seja a tele-empatia e o sensacionalismo, usando a linguagem da excitação e estabelecendo uma relação íntima, sem mediação, entre líder e público. Em última instância, quando o curto-circuito entre ordem e distração se torna desmedido, enquanto a vibração do corpo social abala a estabilidade do sistema, a censura intervém de maneira brutal e coercitiva, com base em motivos de força maior.

Sem aceitar as teorias conspiratórias – que refletem uma guerra de signos entre verdades universais e locais, política e vida cotidiana, ciência oficial e magia –, observamos que o terrorismo de matriz islâmica que atinge o Ocidente desde o início do terceiro milênio, a pandemia de Covid-19 e a guerra na Ucrânia também constituíram pretextos para restabelecer a ordem quando ela estava vacilante. Antes dessas últimas emergências, movimentos como os Coletes Amarelos, na França; o *Occupy Wall Street*, nos EUA; as Sardinhas, na Itália e tantos outros já haviam sinalizado turbulências e mal-estares generalizados capazes de abalar o *status quo*. Assim, além de suas diferentes nuances, a política de distanciamento social, a intensificação da vigilância, o desvio da agenda pública para questões de defesa, vacinas, imunidade e segurança constituem métodos eficazes para desarmar os rituais, as práticas e os imaginários que emergem da socialidade, ou seja, da efervescência cultural entre a rua e a Rede, com o objetivo de interromper as danças, quebrar o encantamento do corpo a corpo e paralisar qualquer multidão.

O quadro é composto por perspectivas contraditórias e até esquizofrênicas, oscilando, conforme as conjunturas políticas, econômicas e sociais, entre a incitação a um excesso de hedonismo e a aplicação de medidas destinadas a restaurar a austeridade. Isso resulta em um sentimento de incerteza e confusão que se manifesta em comportamentos como o hedonismo depressivo (descrito por Mark Fisher em *Realismo Capitalista* como um estado em que a diversão se torna uma obrigação desagradável), a frustração social, os suicídios em massa, as violências sem sentido e a crise de rejeição das práticas e símbolos ligados à moralidade pública. O que está em ação nas duas polaridades é um princípio "anestésico" (De Sutter, 2017) de natureza psicocultural, mais do que política, orquestrado pela mídia em acordo com os poderes públicos e privados. Atua ora por meio de simulacros de prazer e quimeras de felicidade, ora por meio de doses de infoterror com toda a panóplia de mensagens que difundem ameaças e exploram os sentimentos de culpa. No primeiro contexto, encontramos uma abundância de agrados dirigidos aos consumidores, espectadores e cidadãos na forma de corações, *smileys*, incitações à compra, bônus culturais, academias de ginástica no trabalho, festas corporativas, noites em claro, festivais de música; o segundo se caracteriza pela imposição de medidas restritivas em nome de situações graves e inexoráveis, visando preservar a saúde e a segurança diante de riscos mortais: atentados, epidemias, guerras, catástrofes ambientais...

Com muitos efeitos especiais midiáticos, *storytelling* e fogos de artifício de todos os tipos, injeções de anestésicos, analgésicos e drogas massageiam o imaginário coletivo e atuam sobre as percepções psicossensoriais para orientá-las, conforme a urgência do momento, em direção à hiperexcitação ou a comportamentos mais extremos. Resta compreender plenamente o que acontece com o corpo envolvido nesse jogo. De fato, a indiferença em relação à política, a desconfiança em relação às classes dominantes, a negação de todas as verdades oficiais, o afastamento comunitário e os inúmeros rituais tecnomágicos que permeiam a vida coletiva – da medicina alternativa ao New Age, das festas eletrônicas às *lives* no Twitch, das dancinhas no TikTok às *creepypastas* –, são sintomas que apontam para a obsolescência do saber-poder moderno e de seus avatares. Isso sinaliza a emergência de sensibilidades em grande parte incompatíveis com as estratégias políticas, econômicas e comunicacionais da nova ordem mundial ocidental neocapitalista, realista capitalista e sanitária, bem como de seus antagonistas russos e chineses. De um lado e do outro, o descontentamento transborda, as formas de oposição se ramificam, as turbulências sociais proliferam, os atos de sabotagem, resistência e recreação se espalham e encontram espaço nas ruas e nas redes digitais, entre tumultos urbanos e memes, grande renúncia e festas ilegais.

> Que casa está queimando? O país onde vive, a Europa, o mundo inteiro? Talvez as casas e as cidades já estejam queimadas, não sabemos desde quando, numa única e imensa fogueira que fingimos não ver. De algumas, restam apenas pedaços de muros, uma parede pintada, uma parte do teto, nomes, muitíssimos nomes já devorados pelo fogo. E, todavia, os recobrimos tão zelosamente com gesso branco e palavras mentirosas que parecem intactos. Vivemos em casas, em cidades queimadas de cima a baixo como se ainda estivessem de pé, as pessoas fingem viver aí e saem pelas ruas mascaradas entre as ruínas, como se ainda fossem os bairros familiares de outrora.

> E agora a chama mudou de forma e natureza, fez-se digital, invisível e fria, mas, justamente por isso, está mais próxima, está ao nosso lado e nos circunda a todo instante (Agamben, 2021, p. 12-13).

Não adianta adoçar a interpretação deste cenário: as crises dos últimos anos dilaceraram o corpo – o corpo social e o próprio corpo: exaurido pela competição implacável do novo regime econômico, deprimido pelo distanciamento social, amedrontado pelos ataques terroristas, alienado pela mercantilização da existência, aterrorizado pela atrocidade das cenas de guerra, humilhado pela espiral de abusos que violam sua dignidade, traduzido em dados e rastreado por matrizes digitais, ferramentas de marketing e processos algorítmicos. Ele não é apenas um "corpo sem órgãos" (Gilles Deleuze, Félix Guattari, 1980), mas também se encontra em uma condição pós-humana em que outros órgãos o substituem, como a inteligência artificial e memórias virtuais. Ele surge, portanto, em pedaços. E, no entanto, fragmento entre fragmentos, ele desenvolve, segundo o princípio da dança – do corpo dançante – novas formas de resistência e "sexistência" (Jean-Luc Nancy, 2017) por meio de sucessivas contaminações, hibridações e composições.

Desmembramentos e acidentes seguidos de incorporações: um golpe de misericórdia ao humanismo e o advento de uma nova carne ainda a ser revelada, entre os êxtases da tecnomagia, entre traumas e prazeres extremos, rito após rito. Como mostra a genealogia cinematográfica que se estende de *Tetsuo* a *Ema*, *Titane* e *Crimes do Futuro*, passando por *Videodrome*, *Crash* e *ExistenZ,* o processo de encarnação em curso é tumultuado, pois ele recompõe, reúne e revela enquanto rasga a pele, irradiando luzes negras e liberando dissonâncias. Isso resulta em feridas profundas expostas pelas procissões midiáticas contemporâneas, mas também em laços inéditos tecidos de maneira inconsciente, secreta ou transversal ao nosso redor e além.

Esse é o caso, por exemplo, do *Chthuluceno* evocado por Donna Haraway para superar a ideologia do Antropoceno: essa nova era não é mais caracterizada pela predominância do elemento humano, mas sim pelo surgimento de figuras que cristalizam uma simbiose entre o fantástico (como a criatura tentacular criada pelo escritor H. P. Lovecraft, *Cthulhu*) e o subterrâneo (do grego *chthonios*). A filósofa estadunidense vislumbra novos modos de sobrevivência em um mundo infectado, modos impulsionados por uma vocação "simpoiética" que predispõe todos os seres vivos e não vivos a uma condição de acolhimento da alteridade, em direção à "forma serpentina de tornar-se-com" (Haraway, 2016).

Segundo um princípio similar, Nicolas Bourriaud (2021) identifica estéticas de inclusão em todas as "paisagens relacionais" contemporâneos que integram e transcendem simples relações sociais em prol de interpenetrações entre o vivo e o inanimado, que envolvem também bactérias, tecnologias, redes, máquinas, bem como tudo o que é infinitesimal: o "molecular", em suas palavras.

A tecnomagia é precisamente impulsionada pelo descentramento extático do ser humano, que é, ao mesmo tempo, obrigado a depender dos outros, preso por correntes sem fio e imerso em um estado de embriaguez, na excitação do *devir*. Os ritos que guiam essas transmutações avassaladoras, imbuídos de substâncias arcaicas e projetados em imaginários futuristas, entre o sagrado, o horror e a ficção científica, aquém e além da utopia e da distopia, são desencadeados por alterações psicossensoriais que tornam o indivíduo dócil em relação ao próximo, empático em relação ao desconhecido, fértil de imaginação, predisposto à dança – exatamente como ocorre nas festas techno sob a influência de substâncias psicotrópicas, quando o corpo dançante, tomado por uma alegria cósmica exaustiva, sente-se parte do todo que o envolve, mas cujos limites e articulações não reconhece mais.

O "nós" desabrocha como flores resplandecentes e contaminadas nessas situações, entre a euforia festiva e a decadência, nas redes digitais, paisagens pós-urbanas, realidade aumentada dos MMORPG[5] e no Burning Man[6]. Em meio às ruínas da modernidade e do progresso, esses elementos reintroduzem, de modo interseccional, os estados de espírito marginalizados e estigmatizados do Ocidente, favorecendo hibridações, diásporas e sincretismos, sob o signo do comum, que se estende além da sociedade, da comunidade e até da humanidade. Nesse contexto, a droga atua como um poderoso dispositivo metafórico e farmacológico para alcançar a dissipação e a confusão definitivas do eu, em uma espécie de tecnograça que sucede convulsões e espasmos, mesmo que seja apenas uma ilusão ou alucinação.

Façamos agora um salto de tigre benjaminiano:

> A descontração que está na base desses fenômenos, muito provavelmente nem sempre é um efeito direto das drogas. Nos casos em que vários fumantes se juntam, há outros fatores em jogo. É comum a muitas

---

[5] N.T.: Sigla para *Massive Multiplayer Online Role-Playing Game* em inglês, um gênero de videogame em que múltiplos jogadores interpretam personagens simultaneamente em um ambiente virtual on-line.

[6] Festival de música eletrônica criado em 1986 na praia de Baker Beach, em São Francisco, pelo artista e ativista americano Larry Harvey. Na ocasião do solstício de verão, Harvey e seu amigo Jerry James montaram uma figura humanoide de dois metros e meio de altura nas dunas e a queimaram. Atualmente, o festival acontece por nove dias consecutivos na vasta extensão salgada do deserto de Black Rock, no estado de Nevada, nos Estados Unidos.

> drogas potencializarem o prazer de estar com parceiros, a ponto de se desenvolver em certas pessoas uma espécie de misantropia (Benjamin, 2013, p. 177).

A misantropia dos companheiros de vício é a causa e o efeito, sobretudo, da fragmentação do social em suas formas estabelecidas – de acordo com as classes sociais e econômicas, a ideologia, o Estado-nação, entre outros – e, portanto, da criação de formas de existência coletiva e, especialmente, conectiva, além do espaço, do tempo e até mesmo da espécie. Essas formas são marcadas por uma forte solidariedade orgânica e transorgânica, promovida pelo compartilhamento de imaginários e ambientes que transcendem a ordem política, cultural e até humana.

Por um lado, o misantropo vive uma separação radical entre si e seu mundo habitual. Por outro lado, o prazer extraordinário evocado por Benjamin é a contrapartida de uma comunhão arrebatadora caracterizada por um espírito pagão. Esta comunhão é capaz de unir o indivíduo ao seu companheiro de vício, ao próprio vício e a cada elemento da paisagem que o acolhe, como ilustrado maravilhosamente pelo filme de Richard Linklater, *O Homem Duplo,* inspirado no romance *A Scanner Darkly,* de Philip K. Dick. É um prazer desprovido das conotações universais e abstratas estabelecidas pela arte, firmemente enraizado no *hic et nunc* – quando o êxtase dos corpos é tudo e o resto é nada. Sua essência é ambígua, pois satisfaz o sujeito ao ultrapassá-lo, entregando-o ao outro e privando-o de si mesmo, como quando publicamos uma *live*, um *reels* ou um *story* em momento importante de nossas vidas em vez de vivê-lo, ou talvez vivendo-o assim, por meio do outro, morto em si, morto para si mesmo. Retomemos o trecho de Benjamin:

> O convívio com outros que não partilhem as suas práticas parece-lhes sem interesse e maçante. É evidente que nem sempre esse fascínio se explica pelo nível da conversação que se desenvolve. Mas, por outro lado, é provável que a razão pela qual muitas das pessoas que organizam regularmente essas sessões as acham especiais não esteja apenas no desaparecimento das inibições. O que parece acontecer mais é a aproximação das inferioridades, dos complexos e das perturbações que os vários parceiros partilham. Os dependentes aspiram, por assim dizer, uns dos outros as substâncias más da sua existência, e agem de forma catártica uns sobre os outros. É óbvio que isso traz consigo grandes perigos. Por outro lado, essa circunstância pode explicar o grande valor, por vezes insubstituível, que esse vício possui precisamente para as situações mais banais da vida cotidiana (Benjamin, 2013, p. 177-178).

Se é verdade, como defende Haraway, que vivemos hoje em um mundo tóxico – intoxicado por tecnologia e política, guerras e neoliberalismo, excessos de plástico e *chemtrails*[7], derretimento do *Permafrost* e outras catástrofes ambientais – e que nós mesmos nos tornamos tóxicos, o fio condutor que continua a nos unir, a partir do princípio da simpatia e das afinidades eletivas e conectivas, em uma espécie de "*ordo amoris*" (Max Scheler, 2008), é formado por todas essas correntes mágicas dotadas de uma aura capaz de nos seduzir e comover enquanto somos possuídos e reificados. Essas correntes são o pressuposto de nosso enraizamento e desenraizamento, portanto, da perambulação que pontua nosso cotidiano entre o

---

[7] N.T.: *Chemtrails* ("trilhas químicas" em inglês) se refere a uma teoria da conspiração que defende que os rastros brancos deixados no céu pelos aviões seriam tóxicos e prejudiciais à saúde humana porque resultantes de produtos químicos pulverizados a mando dos governos.

prazer do *carpe diem*, aqui e agora, e o anseio por novidades, mesmo que sejam novidades sem progresso. Assim, intoxicados pelo Instagram e pelo ecstasy, assim como por Xanax e TikTok, MDMA, GHB e jogos de azar, Grindr, Tinder, BeReal e OnlyFans, especulações sobre *bitcoins*, deslumbres com NFTs e memes, os indivíduos se perdem e se encontram em todas as alteridades ao seu redor, aspirando as "substâncias más da sua existência" como parte de uma iniciação a um mundo maior do que o do sujeito. Como ensinam as sessões mencionadas por Benjamin, de acordo com a estética da magia da memória antiga, essas uniões resultam de fórmulas e práticas capazes de associar elementos banais, assustadores e efêmeros a outros sensuais, oníricos e intensamente impregnados de simbolismo.

Os tecnomágicos contemporâneos, que desafiam as leis do Estado e da política, da economia e das religiões, em nome de vários mistérios iniciáticos – baseados em afetos, estilos, totens e imaginários capazes de fundir várias pessoas em um corpo único, cada vez diferente – não correspondem aos ícones retratados pelas lendas ou pelos etnólogos da primeira metade do século XX: eles não têm longas barbas nem rostos devastados, não misturam mel e sangue para preparar o hidromel adorado pelo deus germânico Odin, não transformam, como a feiticeira Circe, homens em porcos; eles são os cerimonialistas, as bruxas *queer* e os xamãs de todos os novos ritos que reencantam a existência e reúnem o que até então estava separado no tempo e no espaço. São sujeito e objeto, cultura e natureza, corpo e mente, arte e vida cotidiana, orgânico e inorgânico.

Eles cresceram com a saga de *Harry Potter*, que os ensinou a relativizar a realidade dos trouxas, voando para uma dimensão fantástica e perigosa, cheia de desafios mortais e ritos de passagem. Maratonaram a série *Stranger Things*, fascinados pelo caráter sobrenatural da Eleven, na companhia de adolescentes extravagantes e ousados, assustados pelo Demogorgon, explorando as múltiplas dimensões do *mundo invertido*, um mundo mais real do que a realidade, metáfora do imaginário coletivo contemporâneo. Eles se expressam por meio de *emojis*, figurinhas e mensagens de voz em vez de escrever em uma linguagem alfabética, porque não se reconhecem na "galáxia Gutenberg" (Marshall McLuhan) fundada no princípio da abstração, da razão e do indivíduo. Acostumados às transmissões em tempo real, à cultura da ubiquidade e à lógica da realidade aumentada, eles estão constantemente aqui e lá, sozinhos e juntos, ativos e passivos – ou melhor, interpassivos. Eles têm o mundo à sua disposição e estão à disposição do mundo. Eles foram confinados e forçados ao distanciamento social durante a pandemia de Covid-19. Atrás das telas, como em um episódio hiper-realista de *Black Mirror*, eles compensaram a falta de vínculos sociais físicos com comunhões eletrônicas e sacrificaram o espaço privado por trocas simbólicas e afetivas. Depois de dois anos de confinamento nas prisões do entretenimento eletrônico, agarrados aos fios da web, aprenderam a estar à disposição de seus contatos e da Rede, a saltar de um espaço-tempo para outro e até mesmo a desaparecer por meio do *ghosting*, talvez esquecendo para sempre como permanecer por longos períodos em profundidade e concentração no aqui e agora. Eles hoje habitam – entre *banners* e *bots*, algoritmos e avatares, inteligências artificiais e *deep fakes* – paisagens essencialmente midiáticas e experienciam o espaço físico e seus próprios corpos como uma extensão de si mesmos. Eles são os traficantes e clientes de substâncias viciantes, acendendo sonhos extraordinários, estabelecendo vínculos tele-empáticos e estimulando envolvimentos sensuais. Elas são as tecnofeiticeiras que, por meio da arte da dança e da manipulação dos sistemas informáticos, estão em processo de "*hackear* o sexismo" (Dayer, 2014) e desconstruir o patriarcado. Eles são as mercadorias e os artistas de produtos tão inebriantes quanto efêmeros. São sujeitos e objetos de alterações psicossensoriais que aprimoram sua existência no exato momento em que esta desaparece sob as formas individuais, orgânicas e racionais preestabelecidas durante a modernidade. Depois da tempestade do progresso, entre suas ruínas, dançam na aurora digital, um passo além do humanismo.

6
O alvorecer da humanidade

Em seu auge, a tecnologia sempre possui a ressonância mágica de uma maravilha inquietante, com traços impressionantes e terríveis, e o espectro da obsolescência parece perseguir seus avanços mais significativos. A magnificência da inovação tecnocientífica provoca imediatamente uma ferida na epiderme do ser humano e constitui uma ameaça ao imaginário coletivo. Ao cruzar esses pontos de virada, o indivíduo se lança em uma corporeidade fora de sua estrutura orgânica, experimenta os limites da condição humana e seus possíveis excessos, chegando a tocar e até desafiar as faculdades divinas. A mitologia testemunha isso constantemente por meio de seus arquétipos e estereótipos, enquanto o corpo social metaboliza incessantemente essas marcas nas tramas da vida cotidiana: o místico, o estético e o sensual permeiam cada técnica e relativizam sua dimensão lógica e funcional.

A extraordinária sequência inicial de *2001: Uma Odisseia no Espaço*, de Stanley Kubrick, na qual nossos ancestrais mais distantes acordam deslumbrados pela aparição de um monólito, cristaliza perfeitamente a ontologia e a genealogia da tecnologia. Assustados e encantados por tal majestade, eles acabam, após uma fase de pânico e ansiedade, dançando febrilmente ao redor do novo totem. Hoje, usando um outro léxico, poderíamos sugerir que eles se fundem em uma comunhão e geram uma comunidade a partir de um artifício técnico altamente simbólico. De acordo com o cineasta americano, em consonância com a antropologia, a sociologia e a filosofia da técnica, esse é o alvorecer da humanidade, *the dawn of man*. Uma origem controversa, pois enquanto conecta os indivíduos entre si e com seu ambiente, enraizando-os na terra e lançando-os em direção ao céu, toda tecnologia também serve para separar, isto é, estabelecer relações de poder em todos os níveis: social, natural, cósmico, ideal.... Encontra-se aí a nossa longa história, com todas as suas contradições, seus esplendores e misérias, suas conquistas e abusos. No filme de Kubrick, a hipótese não deixa margem para dúvidas: o grupo de primatas a quem o totem se revela, magnetizado pela descoberta, se encontra em uma emoção compartilhada. Após essa aparição, está pronto para estar no mundo de maneira diferente. Dotado de superpoderes, ele agora é capaz de perceber que um osso não é apenas um osso, mas também uma arma em suas mãos, uma arma que os distingue de seus semelhantes e os leva a dominá-los, a governar a natureza, a caçar com destreza e até a conquistar o espaço.

As metáforas mobilizadas pela densa jornada diegética de uma das mais importantes visões cinematográficas da história são inequívocas: a excitação que move o animal ao manusear com entusiasmo o osso – essa arma em potencial – possui traços eróticos e onanistas, violentos e delirantes. Esses são os estágios prodrômicos do ser humano. O sujeito, de fato, se forma aqui com a aquisição da postura ereta. É a onda longa do humanismo que está sendo antecipada, pois o indivíduo sabe se distinguir do outro, domesticando-o primeiro e, depois, matando-o. Concretamente, ele não se contenta em abater sua presa (um bisão) para se alimentar, mas se lança sobre ela com uma violência sem precedentes, quase com júbilo, como se pressentisse que é ali que começa sua marcha triunfal, que termina com passos de dança rumo ao futuro. É por isso que o arremesso exaustivo do osso, em um estado de fúria eufórica, é seguido pelos sons delicados da valsa *O Danúbio Azul* (*An der schönen blauen Donau*), de Johann Strauss. Essa transição transporta o espectador até a contemporaneidade por meio da espiral da nave espacial, cujo arquétipo é a roda-gigante dos parques de diversões, emblema da civilização industrial em sua dimensão sonhadora, lúdica e espetacular. Não é por acaso que o osso, transformado em arma, ao final da jornada, se converte em uma caneta que flutua e passa das mãos do primata extasiado para o bolso de um indivíduo adormecido pelo toque de uma aeromoça dançante, sugerindo as múltiplas e arcaicas estratificações da escrita, da tecnociência e de toda nossa civilização, produto de atos que são ao mesmo tempo maravilhosos e bárbaros. A máquina fílmica de Kubrick desmascara, assim, a natureza profunda do progresso, revelando sua origem ambígua, entre Eros e Thanatos, permeada por uma dupla pulsão de vida e morte. Mais precisamente, a parábola é uma excelente ilustração das etapas e do espírito do processo interpretado por McLuhan (2004) como "extensão", no tempo e no espaço, do ser humano. Nela, o sujeito se expande e se desdobra, impulsionado pela ambição de moldar o mundo à sua imagem por meio de artifícios.

As cenas de *2001: Uma Odisseia no Espaço* confirmam que a inovação tecnológica, no momento de sua revelação social, é recebida com espanto, como algo mágico. Com sua capacidade de encantar o mundo, de unir o que está dividido e vice-versa, ela confere aos seres humanos poderes inimagináveis, permitindo-lhes alcançar o plano divino graças a faculdades naturais e sobrenaturais. Após o choque inicial, vem o momento de examinar, calcular e até mesmo racionalizar a descoberta. Embora este esquema – fascinação versus racionalização – se aplique a todas as épocas, podemos discernir, ao percorrer a história, uma alternância cíclica do espírito que domina o sistema dos objetos. Em alguns períodos, prevalece um princípio utilitário – ou seja, a capacidade de intensificar a ação do sujeito sobre o mundo, a dominação da natureza e a ação instrumental –, em outros, ao contrário, domina a trindade dos valores estéticos, sagrados e mágicos: a beleza em vez da utilidade, a comunhão em vez do contrato, a vibração extática em vez do interesse. No primeiro caso, a mobilização social em torno da descoberta do momento é orientada principalmente para a realização de um objetivo – progresso, riqueza, conquistas –, enquanto, no segundo, ela é consumida em si mesma: um fim em si, portanto, tem o valor de pura vibração coletiva. A técnica age, então, como um cadinho no qual o social toma forma e emerge (Simondon, 2014), envolvido por uma comunhão difusa, animado por uma participação que tem algo de místico e que leva os membros de um grupo a se misturarem, a se confundirem com a terra e o cosmos, no sistema dos objetos e entre as matrizes telemáticas, com a ordem do vivo e do não vivo.

Para compreender essa fusão e a trama de correspondências que se tece entre corpo e tecnologia, natureza e cultura, sonho e realidade, é preciso adotar uma perspectiva genealógica para explorar cuidadosamente, em particular, a mudança de paradigma contemporâneo na relação entre técnica, sociedade e mundo. De fato, recentemente assistimos ao advento de uma lógica diferente daquela que levou a modernidade ocidental a "destinos progressivos e magníficos", nas palavras do poeta Giacomo Leopardi (1880). O universo técnico, com suas múltiplas camadas, suas máquinas, seus algoritmos e suas interdependências, parece dotado de poderes exorbitantes que agora transcendem a racionalidade e a vontade humanas, relegando-as a um segundo plano.

As raízes essenciais de uma mudança de cenário tão significativa mergulham nos traumas da primeira metade do século XX, nas guerras mundiais, nos campos de concentração, na invenção e uso de bombas atômicas, quando percebemos na pele as potencialidades fatais do desenvolvimento tecnocientífico desvinculado da vida humana e do planeta. Desde então, como atesta a grande onda de ficção científica, desde os relatos de Philip K. Dick até as distopias de *Black Mirror*, passando pelas visões obscuras de George Lucas (*THX 1138*), David Lynch (*Império dos Sonhos*), Ridley Scott (*Blade Runner*), David Cronenberg (*Videodrome*) e Shinya Tsukamoto (*Tetsuo*), uma sombra fatal paira e pesa sobre as relações entre mundo, técnica e humanidade.

Após a tomada de consciência de um sistema cada vez mais autocentrado, o sentimento generalizado de uma catástrofe iminente, e até mesmo o desejo por essa catástrofe, acompanha a procissão tão fascinante quanto assustadora das máquinas, redes, videogames, aplicativos, inteligências artificiais e objetos. Ao "*sex appeal* do inorgânico", pelo qual Perniola (2003), a partir de uma intuição benjaminiana, descreve a relação entre o vivo e o não vivo, sucede uma espécie de encantamento que enfeitiça o indivíduo sob a forma menos de uma tensão erótica em direção à coisa do que de uma promessa de existência aprimorada, com faculdades mágicas e, ao mesmo tempo, completamente libertada do eu, mesmo quando o *gadget* ou o produto do momento não evoca nenhum perigo iminente para a humanidade. Esse padrão é um corolário da ameaça sinistra de extinção humana que paira sobre a paisagem contemporânea, entre crise climática, terrorismo, catástrofes ambientais, epidemias, guerras, violências em massa e riscos de conflito atômico fatal.

Estamos sendo gradualmente dispensados de nossas funções, perdendo peças, delegando escolhas, cedendo irreversivelmente partes de nós mesmos, não em nome de um futuro melhor – hoje, mais do que nunca, o lema *punk* "*no future*" assume um valor generalizado –, mas para nos encontrar acolhidos por algo maior que nós, jogando, dançando e festejando, *hic et nunc*, mesmo que seja pela última vez.

Na época das grandes exposições universais do século XIX, a brilhante exibição de mercadorias, descobertas tecnocientíficas e produtos exóticos, fruto de trabalho árduo, estudos aprofundados, viagens aventureiras e invasões brutais, celebrava o grande sonho do progresso. Já as novidades que proliferam nas vitrines das *concept stores* e da Amazon, nas narrativas das séries de TV e dos metaversos, não anunciam, ao contrário, nenhum progresso. São novidades sem progresso. Elas operam de forma psicocirúrgica sobre o imaginário, sobre e sob a epiderme, para acolher e intensificar nossa mutação. Elas nos introduzem a uma outra existência – liberando-nos de nós mesmos – aquém e além do humanismo.

A cultura do cancelamento opera em outro terreno, mas na mesma direção: sem nenhum progresso, contra o futuro sonhado no passado. Consiste em reler a história com uma despreocupação irreverente, com os olhos do presente, como se fosse possível modificá-la por meio da combinação de teclas Ctrl+Alt+Del e de fórmulas tecnomágicas feitas de copiar-colar inspiradas pelo humor e pela imaginação do momento. Em consonância com o hábito de fazer e desfazer rapidamente mundos nos cenários digitais, do *Second Life* ao *Minecraft* e ao *Metaverso*, a ignorância sábia que preside esse tipo de comportamento tem algo de bárbaro: como os bárbaros, ela pressiona a partir das margens de nossas sociedades. Ela não é a origem de sua crise, mas sua consequência, ou mesmo sua conquista final. Recorrendo à arte da reapropriação e a vandalismos flagrantes de alto valor simbólico, ela ataca as superestruturas de nossa época para devolver o espaço e a palavra, com a força da imaginação, da ironia e da sabotagem, àqueles que estavam confinados em posição subalterna. Cancelar, então, consiste em fazer tábula rasa das ideologias dominantes até agora: é uma performance de destruição criativa que reformula a arquitetura imaginária do mundo em nome do aqui e agora. Uma imaginação sem precedentes no poder. Como resultado, o futuro não será mais o mesmo que o passado, enquanto a "apatridade torna-se um destino do mundo todo" (Heidegger, 1973 p. 360).

7
Do totemismo à web

Hoje, a nuvem é a metáfora central da internet: um sistema global de grande potência e energia que ainda assim retém a aura do numenal e do numinoso, algo quase impossível de entender.

James Bridle, A nova idade das trevas

Originalmente, técnica, magia e religião estavam indissoluvelmente ligadas, a ponto dos níveis mais elevados da ação tecnológica, da arte oculta e da experiência mística se fundirem (Graf, 1994). O totemismo, uma crença tribal que permitia a um grupo se unir em estado de êxtase com o divino, os animais e a natureza circundante para obter sua proteção, simbolizava a sinergia entre essas três dimensões.

O processo civilizatório, posteriormente, levou ao desmantelamento progressivo desse paradigma. Em particular, a partir do Renascimento e da invenção do ponto de vista, da perspectiva e do que os arquitetos chamaram de "ponto de fuga" (Alberti, 2015), o sujeito experimentou uma clara separação simbólica e física de todas as formas de alteridade (Dumont, 1983). Objeto de estudo, matéria para moldar, paisagem destinada à construção – tudo o que estava fora da bolha individual tornou-se estranho, quase suspeito, na medida em que era irredutível à ordem da razão. Mais precisamente, a modernidade e a sua tecnologia mais emblemática, a prensa tipográfica, implementaram um processo de separação entre palavras e coisas, corpo e mente, sujeito e objeto, agindo em direção a uma racionalização progressiva da existência, que conduziu ao desencantamento do mundo.

Nos séculos seguintes ao humanismo, perdemos o *anima mundi* evocado por Giordano Bruno (2000) para designar esses vínculos invisíveis e sólidos, *vinculis*, entre indivíduos e natureza, céu e terra, orgânico e inorgânico. A efervescência religiosa foi removida do corpo tribal e institucionalizada na transcendência de textos sagrados: a Bíblia foi o primeiro livro impresso, inaugurando um longo processo de abstração do mundo e individualização; a magia, relegada ao subterrâneo da vida cotidiana, foi estigmatizada como religião das massas ou neblina da consciência; enquanto a tecnologia foi apresentada como meio de dominação humana sobre a natureza, uma ferramenta para resolver problemas, eficaz para acentuar a ruptura com o outro ou estabelecer, com ele, uma relação baseada em contrato, interesse ou projeto.

Seguindo a mesma lógica, os Estados-nações nasceram como comunidades linguísticas com fronteiras físicas intransponíveis, as ciências se espalharam a partir da premissa de distância entre o sujeito do saber e o objeto de conhecimento, com a ambição de objetividade, medição perfeita, cálculo preciso, previsão exata. Assim, a casta elitista dos guardiões da palavra política, técnica, científica e artística se impôs ao longo do tempo, em torno de uma ferida, uma ruptura, um hiato entre aqueles que sabem e aqueles que não sabem, entre aqueles que pensam e aqueles que vivem, aqueles que comandam e aqueles que obedecem. Weber (1964) interpretou a consolidação do espírito do capitalismo à luz da ética protestante como um desencantamento da existência, enquanto Foucault (1975) mostrou que o desenvolvimento das instituições modernas, dos hospitais psiquiátricos às prisões, caminhava na direção de atribuir ao saber-poder os cuidados com o corpo antes confiados à comunidade e aos indivíduos.

O esplendor dessa época, como o brilho de uma *grand finale*, traz consigo seu declínio: a catástrofe já está à espreita. O meio do século XX marca a linha divisória entre a realização de um ciclo longo e sua crise inexorável. O triunfo da tecnociência, com suas descobertas prodigiosas nos campos militar, médico, físico, químico e comunicacional, coincide com o que Gunter Anders (2002) descreveu de forma incisiva como "a obsolescência do homem". O espetáculo do progresso e das guerras, com toda sua panóplia de fantasmagorias brilhantes, heróis grandiloquentes, armas aterrorizantes e corpos sacrificados, é pomposamente transmitido no cinema e no rádio, juntamente com outros conteúdos audiovisuais de matriz ficcional, atraindo de forma mórbida um público de massa excitado, assustado e atordoado diante da explosão do real e das derivas da humanidade.

Como McLuhan (1977) destacou há muitas décadas, a disseminação social dos novos meios eletrônicos foi o último e mais poderoso agente na deflagração da cultura moderna e de sua ordem política, social e identitária. Embora esse sistema tenha surgido nos laboratórios tecnocientíficos desenvolvidos nos séculos XVIII e XIX, seu uso e consumo foram redirecionados e desviados pela apropriação social, contrariando as intenções de seus criadores, como o monstro produzido pelo Dr. Frankenstein para realizar seus sonhos de glória.

A manipulação social da inovação tecnológica é a principal faísca que provoca essa reação em cadeia de efeitos perversos no coração do que Debord chamou de sociedade do espetáculo. Para compreender plenamente o significado disso, basta considerar a parábola da Internet (Flichy, 1992). Esse instrumento, inventado para fins militares e acadêmicos, logo se transformou em um espaço de colaboração, conversação e sociabilidade, baseado em múltiplos entrelaçamentos de afinidades conectivas, a ponto de gerar verdadeiras *comunicracias* (Susca, 2011), formas líquidas de poder temporariamente cristalizadas em comunhões de comunidades ao redor de comunicações. Essas redes não verticais, não racionais e não ideológicas estão desconectadas das elites, são impertinentes perante a lei e divergentes em relação à ordem das nações.

A Rede, com suas encarnações na forma de mídias sociais, mundos de videogames, *sites* de relacionamento e trocas afetivas, simbólicas ou sexuais, tornou-se o portal de imaginários e práticas cujo aspecto não lógico, onírico e festivo prevalece sobre todo o resto. Isso força as elites do setor a ocultar cada vez mais a dimensão política e econômica de suas ações, a esconder ainda mais a mão invisível do mercado e seus mecanismos para que ela possa proceder de maneira sorrateira e profunda na transformação da vida digital em força de trabalho, informação e mercadoria. A batalha em curso, oculta e ao mesmo tempo evidente na frustração que permeia a vida cotidiana, já não é movida por uma confrontação dialética. Vemos, por outro lado, como é árduo e delicado, para o poder estabelecido, conter dentro da ordem produtiva a parte maldita que prospera entre os usuários da internet, as tribos urbanas e os inúmeros dissidentes de todas as periferias do mundo. A web 3.0 representa, de fato, o estágio final dessa missão: o ataque definitivo do capital contra o espírito original da cultura digital.

❋

O conflito entre a lógica da tecnociência, da economia política e das instituições tradicionais, e a sensibilidade da vida nua, mais precisamente de um corpo social em suas diversas manifestações, liberto do princípio do dever-ser, indisciplinado, anômico, desinteressado pela política e até mesmo passivo, manifesta-se diariamente no descompasso entre as elites e a vida cotidiana, refletindo a diferença de prioridades entre a agenda dos governantes e a existência comum. Aqui, a esfera pública se fragmenta em uma multiplicidade de encontros afetivos on-line, cada qual com sua própria ordem ética que subverte a moral universal em nome de um apego obstinado ao valor das coisas sem preço. É nesse ambiente que florescem inúmeras práticas desviantes e impertinentes em relação à lei e ao mercado: *hacking* e *shitstorms* contra os poderes estabelecidos, rebelião contra as verdades oficiais, proliferação de *fake news* e *deep fakes*, *great resignation e quiet quitting*, abstenção política, consumo excessivo de drogas, desafios perigosos, violências injustificadas, condutas de risco, eleição de *outsiders* e estéticas do mal-estar. Esse cenário também reflete um nomadismo generalizado, que indica uma diáspora cuja realidade se baseia nos princípios da sobrevivência biológica, da produção econômica e da reprodução social.

O *download* ilegal, por exemplo, continua sendo uma prática comum (Muso, 2018): muitos internautas violam espontaneamente a legislação de direitos autorais ou *crackeiam softwares* sem qualquer escrúpulo pelo prazer de compartilhar informações, filmes, séries e músicas com suas comunidades eletivas. Da mesma forma, plágios de todos os tipos são frequentes, da escola à universidade. A cultura do copiar-colar se prolifera, tão insolente quanto carnavalesca, indicando que o conceito de propriedade privada, indissociavelmente ligado ao individualismo moderno, é agora visto como inadequado ao espírito do tempo, embora a economia da informação tente reintegrá-lo no mercado da web 3.0, escondido sob o manto da criptomoeda, do jogo e do colecionismo. Essa postura irreverente leva estudantes e trabalhadores a reduzir furtivamente seu tempo de estudo e atividade para dedicá-lo à tela, conversando em grupos do Telegram e do WhatsApp, postando *stories* no Instagram, flertando no Tinder ou Grindr, assistindo a *streams* no Twitch ou encenando coreografias no pequeno teatro sem paredes do TikTok.

As turbulências em questão não se resumem ao simples princípio do prazer, nem aos caprichos do entretenimento; elas vêm acompanhadas também de um grande sacrifício. Em um momento em que as vidas individuais estão entrando em colapso e se perdendo entre *stories* e *reels*, que nossas ações são dirigidas e calculadas por algoritmos, que nossa intimidade se desfaz em envios de nudes, que os corpos são vendidos no OnlyFans, moldados pelos influenciadores e violados pelas redes sociais, nos vemos em meio a um desastre que nos afeta de maneira irreparável. Desorientados, confiamos cegamente, em uma intenção protetora tingida de alegria trágica, na energia da multidão, em ondas emocionais, danças extáticas e outras tecnomagias, para capturar a morte, dar vazão à dor, transformar o luto em nova carne, além de nós mesmos.

Nas matrizes da cultura digital, a experiência perde a conotação subjetiva consolidada no Ocidente por séculos de alfabetização e individualismo, selada em diferentes graus pelo Iluminismo e pelo Romantismo. Ela escapa ao controle do ego para se tornar algo – uma das muitas coisas na Internet das Coisas – nas mãos de plataformas, multinacionais, bancos de dados, contatos, seguidores, influenciadores, inteligências artificiais e de todos os outros componentes da paisagem tecnossocial que transcende a armadura individual. Na prática, não podemos experimentar nada sem passar por lentes corretivas, telas, *posts* e memórias externas. Por isso, sentimos a necessidade compulsiva de tornar públicas as coisas triviais ou extraordinárias que nos dizem respeito, antes mesmo de termos consciência delas, ou mesmo enquanto ainda estão em formação. Pois é somente o olhar dos outros que as faz existir como tais, enquanto transbordam da nossa esfera privada e deixam de nos pertencer.

> O que evapora é a mobilização e a propriedade: a maioria de seus e-mails, fotos, updates, documentos empresariais, dados relativos a empréstimos na biblioteca e eleições, prontuários médicos, avaliações de crédito, *likes*, memórias, experiências, preferências personalizadas e desejos reprimidos está na nuvem, na infraestrutura de outra pessoa (Bridle, 2019, p. 20).

A mesma dinâmica nos leva insidiosamente a aceitar como se fossem nossas as sugestões dos algoritmos, assistentes virtuais, *bots* ou contatos digitais. No inconsciente on-line, pouco importa que Google, Meta, Microsoft ou Apple estejam devorando nossas vidas, transformando-as em dados e mercadorias, traindo os impulsos espontâneos e improdutivos que sustentam a socialidade eletrônica. O princípio que move os usuários é o prazer paradoxal de ser aliviado do peso de sua própria existência, ao mesmo tempo em que se conecta com os outros, tornando-se até mesmo dependente da vida alheia. É inegável que a dialética entre submissão e liberdade está atualmente perturbada, pois, em comparação com a era industrial, enfrentamos uma espécie de alienação voluntária e majoritariamente inconsciente do corpo social, sustentada pela ambição, ou melhor, pelo desejo desesperado de estabelecer uma série de pactos de solidariedade, comunhão, brincadeira e festa entre pares; o efeito e a causa de emoção pública.

Por mais contraditório que possa parecer, enquanto entregamos descuidadamente informações sensíveis às GAFAM[8], os internautas se organizam em comunidades eletrônicas para fins próprios e coletivos, unidos por gostos compartilhados, ícones famosos ou sensações efêmeras, explorando a potência dos interstícios ou formas de ser livre sem liberdade. Eles fazem isso desviando os códigos estabelecidos com o uso de memes, *gifs*, figurinhas ou *trolls*, mas também criando mundos falsos mais verdadeiros que a própria natureza. Assim, por meio de uma espécie de sabotagem irônica e de uma grandiloquente apropriação pós-situacionista, a tecnologia se transforma em um sistema capaz de refinar e socializar as táticas de astúcia popular da antiguidade, ou seja, a série de práticas constantemente empregadas pelo corpo social para se defender do olhar agressivo e pedante do poder. O fenômeno que testemunhamos revela uma verdadeira mutação antropológica, na qual aquilo que antes era expresso em termos de resistência agora se traduz em recriação e recreação, para modificar o que está dado e se distrair, reconstruir e se divertir, mudar a ordem das coisas e se entreter.

Ao lado de tantas restrições e de tudo o que elas implicam em termos de sujeição, mas também de coisificação dos usuários, os novos meios digitais favorecem uma relativa e fecunda manipulação de sua linguagem, permitindo tanto o *hacking* quanto as reapropriações simbólicas da paisagem midiática. O resultado é uma tendência – não totalmente redutível à ordem do sistema – de inversão de papéis entre produtores e consumidores de conteúdos, assim como uma cristalização de comunidades que antes eram dispersas demais para se manifestarem de forma operacional e perceptível. Dessa for-

[8] N.T.: GAFAM é um acrônimo que representa cinco grandes empresas de tecnologia, a saber: Google, Apple, Facebook, Amazon e Microsoft.

ma, à medida que as correntes sem fios do novo capitalismo informacional se expandem capilarmente em nossos corpos, a psicogeografia do conflito e a face da tecnologia sofrem alterações. O capital se insinua até mesmo em nossos sonhos, afirma lúcida e impiedosamente Mark Fisher, mas as luzes da noite às vezes escapam da economia política. Segundo o visionário da espectrologia, por outro lado, "o menor evento pode abrir um buraco na cinzenta cortina reacionária que encurtou os horizontes de possibilidades sobre o realismo capitalista" (Fisher, 2020, p. 133).

8
Emoção pública

A moralidade foi substituída pelo sentimento.
Mark Fisher, Realismo capitalista

O magma de memes, *emojis*, *trolls*, *fake worlds*, *creepypasta*, *challenges*, nudes e avatares que circulam pela web, junto à proliferação de objetos de culto, estilos extravagantes, consumos excessivos, práticas luxuosas e comportamentos arriscados ligados a velhos e novos fetiches no cotidiano, revelam uma verdade impactante: a tecnologia deixou de ser uma arte do logos, um instrumento daquilo que Martin Heidegger (1958) chamava de "pensamento calculante", para se tornar uma tecnomagia, um totem em torno do qual, por meio de suas redes, máscaras e fantasias, cada um experimenta uma espécie de êxtase místico que é, ao mesmo tempo, pura dança – uma celebração do nós, aqui e agora – e uma fuga para algo maior do que si mesmo. Os laços formados nesse contexto não se baseiam mais em um contrato racional e abstrato, o contrato social escrito pelas elites sobre o corpo das massas, como na colônia penal de Kafka, mas em pactos carnais, oriundos da carne eletrônica em linguagens pós-alfabéticas, situação após situação. Nesse cenário, paixões, emoções e símbolos compartilhados tornam-se os novos pilares do estar-junto, os fundamentos de toda fusão e efusão conectiva. Surge, assim, uma sensibilidade na qual o equilíbrio entre a razão e os sentidos pende em favor destes últimos, relativizando o paradigma do pensamento racional e abstrato que forjou a modernidade ocidental.

> As poderosas novas tecnologias são mágicas porque funcionam como magia, criando espaços férteis de possibilidade dentro da realidade social. Elas permitem aos seres humanos imprimir suas vontades sonhadoras na matéria do mundo, remodelando-o, ao menos em parte, segundo os desejos da imaginação (Davis, 1999, p. 192).

A experiência desenvolvida no campo da cultura digital denota uma sinergia sem precedentes entre mente e sentidos, visível e invisível, ação racional e pensamento mágico. A adoração aos diversos fetiches tecnossociais que pontilham as paisagens contemporâneas, com seus encantos e idolatrias características, leva todos os envolvidos a experimentar um intenso grau de êxtase, frenesi e aturdimento. Articulada em uma série de provações e rituais, ela envolve inicialmente um abandono do indivíduo a uma tensão coletiva, seguido por um trabalho angustiante marcado por ansiedade, atração e repulsa em relação ao objeto envolvido na troca simbólica, culminando em uma espécie de tecnograça que mistura um alívio do ser com um desaparecimento do eu. Esse processo exige um cérebro social refinado, dotado de uma inteligência sensível, de um saber incorporado e de uma memória continuamente capaz de estabelecer conexões, de se expandir e de transcender a si mesmo. Essa tensão é o ponto nevrálgico de uma existência projetada para além do sujeito.

> A ek-sistência, de acordo com a grafia sugerida, consiste em uma ejeção, uma expulsão ou um exílio. O ek-sistente não é jogado para fora de um lugar por

> uma vontade alheia: todo o seu ser consiste nesse ser--jogado (Nancy, 2017, p. 37).

A inteligência aumentada, traçada pelas arquiteturas interconectadas de *bytes* e neurônios entre o Vale do Silício e todos os nós tecnossociais do mundo, baseia-se no intelecto geral, o pensamento comum do qual o cérebro de cada indivíduo é um ponto de passagem de informações, um dispositivo eletrônico precedido e superado por uma matriz holística que inclui imensos bancos de dados, algoritmos poderosos e inteligências artificiais. O cérebro individual experimenta uma exteriorização contínua, de modo que tende a se esquecer – uma vez que está imerso no presente –, tece laços, navega e reage a injunções que lhe permitem permanecer em conexão com os outros, além do espaço e do tempo. Não há necessidade de recorrer a metáforas cibernéticas, de citar o filme *Ela*, de Spike Jonze, o conto *Podemos Recordar para Você, por um Preço Razoável,* de Philip K. Dick, ou as séries *Years and Years* e *Devs*, para situar o fenômeno em questão na vida cotidiana. Basta referir-se aos comportamentos mais triviais que envolvem mulheres e homens na existência ordinária quando dependem de dispositivos tecnológicos para se isentarem da responsabilidade de pensar ou agir.

Esse é o caso, por exemplo, do uso do GPS para chegar a um destino. Os muitos aplicativos disponíveis para esse fim não apenas facilitam nosso deslocamento de um lugar a outro, mas alteram profundamente nossa relação com o território. De fato, eles nos abstraem de um setor do espaço físico, tornando-o etéreo e ininteligível, mas também o saturando de presenças fantasmagóricas, ou seja, um conjunto de sons, pessoas ou documentos audiovisuais com os quais nos divertimos em vez de estudar e percorrer o mapa geográfico. Não é coincidência que o mau funcionamento desses programas resulte cada vez mais em desfechos trágicos – incluindo acidentes fatais (Bridle, 2019) – ou cômicos, como quando o dispositivo informa ao usuário que ele chegou ao destino enquanto isso não é verdade. De modo geral, delegamos às máquinas nosso senso de lugar, a ponto de acreditarmos mais nos mapas digitais e em sua inteligência do que naquilo que vemos e no que nossos pés tocam. A paisagem tecnoimaginária, em uma dinâmica radical de mediação da existência, integra e amplifica a paisagem material por meio de um processo cujo espírito é completamente divergente daquele do Iluminismo, e no qual o ser humano, em um estado de descentralização, é apenas a última partícula elementar. Essas são as bases de um novo realismo tecnomágico, com nuances tanto nebulosas quanto magnéticas, de tal forma que também abalam o equilíbrio entre vida e morte. A publicação perturbadora escrita pelo antropólogo Massimo Canevacci em seu perfil no Facebook no domingo, 5 de junho de 2022, é instrutivo nesse sentido:

> Rede social perturbadora: hoje, o Facebook me diz que é aniversário de um amigo querido que morreu há alguns anos... as reflexões e emoções poderiam ser infinitas, e, no entanto, essa ausência de respeito pela amizade me causa horror, pois apenas o algoritmo – que desconsidera o ritual de luto e a realidade da morte – permanece imortal.

Não é essa a nova carne que evocamos, exploramos e procuramos inventariar neste livro? Em todo caso, a Rede vive mais do que nunca às custas do real. A identidade digital precede e supera nossa vida biológica e material. Por outro lado, segundo Davis (1999, p. 29), “o computador se tornou resolutamente um ídolo – e um ídolo bastante exigente, quase tão sedento de sacrifício quanto o próprio espírito do dinheiro". De forma muito mais decisiva do que na era industrial, quando a vida dos trabalhadores era vampirizada e alienada pelas cadeias de produção, o aperfeiçoamento da matriz, dos bancos de dados, dos algoritmos e das inteligências artificiais é o corolário da desaparição do indivíduo racional, autônomo e independente, como concebido pelo humanismo. Em outras palavras, a realidade aumentada, a cidade aumentada e o eu aumentado são o contraponto à crise da realidade, do território físico e, sobretudo, do sujeito. Se o proletariado, despojado dos meios de produção, foi vítima de uma reificação na fábrica, causada pelo trabalho abstrato e os turnos exaustivos, os indivíduos contemporâneos, sem exclusão de classe, cultura e gênero, mas ainda mais nos casos de maior vulnerabilidade social, são aniquilados e tornados obsoletos, violados em sua intimidade, presos nas suaves garras de um espetáculo onipresente sob a forma de jogos, socialidades, festas e ficções.

❋

Os usuários do Instagram e do TikTok, encantados por horas por um fluxo de imagens, entregam-se às suas narrativas enfeitiçantes enquanto reúnem uma massa densa de informações que lhes permitem decifrar e contextualizar as nuances individuais do conteúdo recebido. O prazer dos usuários resulta de um excesso de informações, uma espécie de embriaguez informacional. Da mesma forma, como se estivessem sob o efeito de uma hipnose digital, os fãs da Twitch assistem aos jogos de seus favoritos com uma interpassividade que leva a uma suspensão da consciência. Assim, eles não sentem necessidade ou desejo de jogar, pois o jogo consiste justamente em admirar os outros em ação. Trata-se de um metajogo cujo divertimento é controverso e cujo melhor presente reside na atualização de socialidades, já que *GTA* ou *League of Legends* são pretextos para entrar em contato com os outros com base na intersecção entre a vida cotidiana em sua forma mais banal e a imaginação em seu estado paroxístico. Essas práticas se radicalizaram durante a recente pandemia, a ponto de se transformarem em locais e momentos por excelência da interação social (Joron, 2021). O entusiasmo, a dependência e o frenesi que as distinguem não afetam apenas os fãs e espectadores, mas também os *streamers*: estes, na verdade, transmitem e expõem suas vidas em forma de narrativa audiovisual, na lógica de uma performance infinita capaz de esgotar e esvaziar o sujeito – de devolvê-lo ao outro, disponível como uma obra, um dado ou uma imagem a ser consumida.

Cada um dos fetiches digitais mencionados, que são emblemas de uma socialidade emocionalmente intensa, incita a uma participação tecnomágica movida por uma efervescência em que prevalecem os aspectos místico, lúdico e onírico. Apesar do caráter encantatório dos fluxos em questão, os indivíduos que passam por eles conseguem identificar com certa lucidez e competência a mitologia que os fascinam. De certa forma, sonham sabendo que estão sonhando. Segundo a visão de McLuhan (2014, p. 94), de fato, "o homem ocidental reingressa em seu ciclo tribal, ou Finn, seguindo a trilha do velho Finn, bem desperto desta vez, enquanto tornamos a entrar na noite tribal; é como nossa consciência contemporânea do Inconsciente".

Essa perspectiva também é de grande valor hermenêutico para entender as cenas de música eletrônica, especialmente a techno. Mesmo nos momentos mais vertiginosos de êxtase festivo e perdição, os corpos dançantes reconhecem em detalhes o som que os eleva a um estado extático, assim como os fãs de séries de TV, em contextos muito diferentes, distinguem com acuidade as narrativas às quais se entregam durante longas sessões de *binge-watching*, isto é, as maratonas.

Nessas situações, ocorre um deslocamento da opinião pública, com sua dimensão racional e abstrata, para a emoção pública, em que a inteligência se torna sensível e capaz de integrar, tanto no cérebro pessoal quanto no coletivo, uma carga imaginária, sacral e afetiva negligenciada, se não banida, por grande parte da cultura moderna. Por exemplo, ao invés de refletir e escrever, "reagimos" nas redes sociais por meio de corações, *emoticons*, *gifs*, figurinhas e memes. Ao invés de proceder passo a passo por meio da abstração e do raciocínio, navegamos no rastro tumultuoso da tele-empatia. Assim, somos inclinados a escolher e pensar com nossos sentidos, e não com nossa mente lógica, como acontece inconscientemente quando nos apaixonamos ou nos lançamos em um empreendimento, guiados por uma impressão favorável, por uma intuição indescritível.

Os caminhos, câmaras e interstícios da tecnomagia são repletos de emoções, transbordam de corpos e exalam humores. Sejam eles fruto de alucinações ou jogos, reflexos do vivido em coletividade ou simulacros, novas prisões ou mundos dos sonhos, ou tudo isso ao mesmo tempo, é no coração de suas tramas que os últimos lampejos da cultura moderna se desvanecem e uma nova carne se agita, sensual e eletrônica, arcaica e futurista, emotiva e alienada, na atmosfera clara e escura da aurora digital. "Virou o visor de volta para seu rosto, e, em seguida, impelida por sua intensidade implacável, beijou a imagem. Seus lábios deixaram marcas de sêmen na tela. O cúmulo do fetichismo de bem de consumo." (Cronenberg, 2014, p. 106).

9
Ressonâncias

A atmosfera emocional que permeia nossa época emana e é transmitida por todo o espaço público, abrangendo desde o marketing e a política até as artes, a mídia e o design. Ela é a fonte de cada linguagem, relação e discurso coletivo, formando a dimensão matricial da socialidade eletrônica que eleva a vida ordinária da web, em sua trivialidade, ao status de uma zona de alta concentração afetiva. Esta zona é atravessada por frissons amorosos e superestimulada por sentimentos viscerais que fluem de forma viral entre PornHub, Tinder, TikTok, X, Telegram, WhatsApp e outros.

Nesse contexto, ficar emocionado, tocado, irritado, apaixonado ou furioso não é uma escolha individual, mas sim uma espécie de imperativo atmosférico, um ato compulsório. Essa injunção objetiva se explica, sobretudo, pela proximidade generalizada, pela promiscuidade entre sujeitos, objetos, símbolos, informações, matéria animada e inanimada que tornam nossas paisagens culturais obscenas, sem espaços para respiração, sem tempo para refletir e até mesmo sem lugares onde o indivíduo possa se encontrar completamente sozinho e afastado desse ambiente.

Se é verdade, como propõe Sherry Turkle (2015), que o estar-junto promovido pela socialidade digital nunca é efetivo – afinal, existe alguma comunhão total entre indivíduos que não seja pura ilusão? –, o oposto também é inegável: as formas de conexão *always on* nos mergulham em um oceano midiático, com smartphones, tablets, *clouds*, notificações e telas de todos os tipos, onde nunca estamos realmente sozinhos, mesmo quando estamos dormindo. Mais uma vez, as dinâmicas cotidianas mais comuns confirmam isso: quantas pessoas, ao se prepararem para dormir, realmente desligam os dispositivos de comunicação que usaram durante todo o dia? Por que é cada vez mais raro ver pessoas que, ao andar ou esperar, no metrô ou no café, nos auditórios universitários ou no escritório, em espaços abertos ou nos parques, não estão hipnotizadas por telas? Por que milhões de pessoas confiam em algoritmos para encontrar sua alma gêmea ou um encontro sexual? Uma análise atenta mostra que os *sites* e aplicativos que oferecem esses serviços, embora pareçam desencantar o amor e matematizar o erotismo, na verdade, acabam por enaltecer o código informático e erotizar os dispositivos digitais.

❋

Por outro lado, a relação compulsiva e obsessiva que mantemos com a mídia contemporânea, ou melhor, que ela nos impõe, contando com nossa cumplicidade e disponibilidade, revela nossa incapacidade de continuar sendo os sujeitos que éramos até recentemente, antes de nos espalharmos pelas redes eletrônicas e sermos capturados junto com outras criaturas e criações. Estamos, de fato, enredados em um gregarismo de ecos sagrados, ao mesmo tempo sensuais e inorgânicos. O profético diretor da "nova carne", David Cronenberg, sintetiza isso de maneira lacônica e incisiva no romance *Consumidos*: "Ofereceu o iPad de volta com uma ligeira mesura, segurando-o na palma das mãos viradas para cima, como se fosse a pátena litúrgica com as hóstias — ou um cartão de visitas japonês. 'Mas os segredos já foram contados sem que uma palavra seja dita, e eles estão todos aqui'" (Cronenberg, 2014, p. 260).

Após uma longa separação, a religião e a técnica estão redescobrindo seu vínculo primordial, com sua excitação mítica, precisamente enquanto os sentidos desenvolvem um pensamento mais refinado do que nunca, resultante menos de nosso conhecimento do que daquilo que Alberto Abruzzese chamou de "inteligência do mundo", que está além de nós. Em contrapartida, embora, na Rede, reajamos antes de refletir e cedamos às emoções em vez de manter a lucidez, nossa ação comunicativa digital, mesmo nas fases mais intensas do envolvimento apaixonado e impulsivo, se desdobra em linguagens em que subsistem traços de nossa tradição alfabética, em que há margens, pausas e lacunas, por menores que sejam, para dar voz, antes de clicar ou tocar na tela, ao que resta de nós e da nossa razão. Portanto, o paradigma tecnomágico que preside as perambulações entre a web e as cidades, que orienta as escolhas e as comunicações do cibernauta moldado por fé e mitos, superstições e feitiços, fetiches e cálculos, códigos computacionais e arcaísmos, é tão complexo e sutil.

Mesmo quando a lógica dos algoritmos, a inteligência artificial e o marketing apelam para o aspecto quantitativo e racional dos comportamentos individuais, o corpo social on-line nunca está imune a vibrações emocionais, faíscas místicas e estímulos sensuais. As inovações mais brilhantes do mercado dos novos meios de comunicação, aliadas às do design, valorizam a interface tátil dos instrumentos tecnológicos, de modo que tudo deve ser tocado e, ao mesmo tempo, possa nos tocar. Elas difundem, no sistema de objetos, uma membrana sensorial que envolve de espuma – "a espuma dos dias", escreveria Boris Vian – o *hardware* e o *software* da nova economia, celebrando o *sex appeal* do inorgânico, definido por Benjamin (2006) como o traço marcante da moda. Dessa forma, os sentidos das máquinas e os dos humanos – corpos, simulacros e artifícios misturados – giram em uníssono e se contaminam mutuamente em uma dança tão voluptuosa quanto macabra.

❋

A paisagem contemporânea, da qual a web se torna cada vez mais a base material, está sendo abalada por ondas de idolatria que se espalham em uma espécie de contágio viral e se multiplicam de maneira conectiva por meio de conversas e compartilhamentos. Nunca é demais repetir que os picos da tecnociência e os resíduos mais profundos do pensamento mágico coexistem nela. Toda emoção liberada ali é fruto de um sobressalto epidérmico em sinergia com o intelecto geral, as máquinas e o que resta do espírito individual. Mesmo nas plataformas técnicas mais transparentes e fluidas, onde as distinções entre sujeito e objeto, bem como o intervalo entre o impulso e sua expressão, parecem desaparecer, ainda existem intervalos entre o pensamento e sua manifestação. Cada rede em questão, graças à interação constante de seus membros e à avaliação incessante uns dos outros, ajuda a moldar o comportamento do indivíduo e articular sua conduta de acordo com modelos elaborados em comum, em nome de afinidades conectivas. Consequentemente, o comportamento do indivíduo está sempre sujeito a uma mediação, sacrificado ao valor supremo de uma instância de grupo, ou melhor, tecnossocial: o código da Rede e seus altares. É assim, com a força do espírito tecnomágico, que se atualiza a "lei da imitação", considerada por Gabriel Tarde como a força motriz do espírito coletivo. Mas qual é o seu princípio organizador?

É impossível compreender plenamente as conversas banais dos grupos de WhatsApp, a multiplicidade de figurinhas, fotos e mensagens de vídeo trocadas no Telegram, os passos de dança, músicas e desafios no TikTok, os *emojis* maliciosos de berinjelas e pêssegos nos *stories* do Instagram, os nudes no Tinder e Grindr, sem captar a pulsão pornô-erótica que, além de questões puramente sexuais, os impulsiona (Attimonelli; Susca, 2017). Trata-se de um desejo ardente de se ligar ao outro por meio de formas estéticas suaves, magmáticas e sensuais, leves, mas ainda assim constrangedoras. A conexão usada aqui, portanto, vai além de seu sentido telemático, em um imaginário tanto arcaico quanto futurista: mais que um processo racional, é uma fórmula tecnomágica pela qual se manifesta a vocação de cada pessoa se unir a uma ou mais comunidades, em um estado de comunhão por meio da comunicação. O conteúdo é relegado ao segundo plano em favor da efervescência social, que se torna o coração da mídia. Por isso, as antigas e novas redes sociais tendem a se colocar não como vetores de conteúdo, mas como esferas conectivas ágeis, bolhas que nos permitem circular pelo mundo, abandonando-nos a ele. Nosso corpo é, então, sugado para uma psicosfera global, alterado e traduzido em carne eletrônica; pronto para se tornar múltiplo, no turbilhão de uma mutação que constitui uma fonte perpétua de intoxicação e dor, identificando-se com todas as figuras proeminentes da paisagem midiática por meio de tele-empatias sucessivas.

No Ocidente, o efeito de proximidade produzido pelos meios digitais nos permitiu sentir o sofrimento dos outros quase como se estivéssemos diretamente envolvidos a eventos como os atentados do Estado Islâmico, a recente pandemia e a guerra na Ucrânia. Os internautas se encontram psicologicamente e emocionalmente envolvidos nas tragédias atuais, mesmo quando estão a salvo de qualquer risco real. O luto e o terror contaminaram o imaginário coletivo a ponto de suscitar distúrbios de percepção, pânico e frustração.

Vivenciamos o ataque ao Bataclan, em Paris, a propagação do coronavírus e a invasão do exército russo à Ucrânia de uma dimensão imaginária capaz de nos perturbar e desafiar profundamente – "no fundo das aparências", como escreveu Maffesoli (1993). No entanto, a impossibilidade de experimentar uma continuidade adequada entre a participação midiática e a participação física nos eventos gerou tanta controvérsia quanto desconforto. Por um lado, a futilidade de gestos como demonstrações de solidariedade por meio de curtidas, corações ou bandeiras em reação a eventos trágicos tem sido frequentemente destacada de forma sarcástica pelos *haters* e pela imprensa. Por outro lado, é a primeira vez na história que uma parte tão significativa da humanidade é mobilizada, se não afetada, por eventos desse tipo, transcendendo os limites espaciais e temporais.

É claro, por exemplo, que exibir a bandeira amarela e azul da Ucrânia na foto de perfil do Facebook não é suficiente para ajudar o país durante uma guerra. No entanto, essa crítica é incompleta e equivocada, pois ignora que atitudes como essa foram a base de uma das maiores mobilizações globais de todos os tempos, em termos de acolhimento de refugiados, financiamento e manifestações públicas de apoio a um país invadido. Em outras palavras, a ampla disseminação de vídeos, imagens e relatos da guerra na televisão e, especialmente, nas redes sociais, com destaque para conteúdos produzidos por pessoas comuns, juntamente com a presença constante do presidente Zelensky em todas as telas a qualquer hora do dia, marcou o apoio à causa ucraniana, mesmo que soubéssemos pouco ou nada sobre a cultura e a história desse país.

O verdadeiro problema decorrente das tramas e fluxos digitais em questão deriva de um tipo de deficiência técnica do sistema no nível psicogeográfico: o fato de que somos deslocados para outro lugar, arrancados de nosso contexto físico e social sem, no entanto, ter como criar raízes de forma coerente no espaço-tempo que privilegiamos, com todo nosso investimento emocional. Mesmo os dispositivos de realidade virtual mais avançados ou os hologramas ainda não fazem justiça a um imaginário empenhado a criar vínculos em nome de afinidades conectivas, indiferentemente do lugar onde se encontram nossos corpos. Assim, uma crise de presença paira por toda parte, ou seja, nunca estamos plenamente aqui ou lá, nem com nosso vizinho de classe ou de metrô, nem com nosso avatar favorito. "O silêncio entre um e outro [estalido do mouse] me deixava tenso", escreve Ian McEwan em *Máquinas como eu* (2019, p. 53).

A tecnomagia se baseia no princípio da tensão sob diferentes perspectivas: submete-nos a uma extensão espacial, até mesmo a uma distensão, mas também nos mergulha em um estado de tensão comparável à que um cabo pode sofrer. Em termos médicos, poderíamos afirmar que o corpo social e todos os corpos sofrem de forte hipertensão arterial. Ou, usando uma imagem musical, estamos tensionados como as cordas de um violino, prontos para ressoar. Corpos ressonantes.

Conforme canta Björk (2022): "Nossa união é mais forte do que nós".

10
A lógica do encantamento

Hoje, depois de mais de um século de tecnologia elétrica, projetamos nosso próprio sistema nervoso central num abraço global [...] Estamos nos aproximando rapidamente da fase final das extensões do homem: a simulação tecnológica da consciência, pela qual o processo criativo do conhecimento se estenderá coletiva e corporativamente a toda a sociedade humana [...].

Marshall H. McLuhan, Os meios de comunicação como extensões do homem

McLuhan foi o primeiro a identificar e explorar as ressonâncias mágicas e tribais de nossas sociedades em meados do século XX. Em um estilo literário ousado, ele afirmava que, na nossa era eletrônica, portamos a humanidade inteira como nossa pele. Nosso corpo seria, portanto, a plataforma, o protagonista inconsciente de um processo duplo que, embora aparentemente invisível, porque não podemos distingui-lo com precisão, produz efeitos psicoculturais impressionantes, do domínio do conhecimento ao das relações interpessoais.

Sem perceber, nos tornamos ciborgues. Mais precisamente, nascemos ciborgues, como propõe Andy Clark (2004): "ciborgues natos". Por um lado, expandimos nosso sistema nervoso além dos limites do nosso cérebro – em memórias externas, nuvens, álbuns das redes sociais –; por outro, absorvemos dados em nossa carne, por uma espécie de reencarnação, graças a dispositivos portáteis, microtecnologias e tecnologias vestíveis. É tão natural quanto inefável: sabemos como rastrear os detalhes de nossa existência com um assistente pessoal digital, conversamos racionalmente com a Alexa, conseguimos traduzir, narrar e espetacularizar nossas existências usando *hashtags*, *gifs* e figurinhas, mas ignoramos o processo que torna tudo isso possível, confiando com fé e reverência nos arcanos da informática. Muitas vezes, nos sentimos desamparados e atônitos diante das turbulências que afetam nossas identidades digitais, independentemente de nossas escolhas e decisões. Esse é o caso, por exemplo, quando descobrimos citações, histórias, memes, fotos ou outras construções simbólicas sobre nós, nas quais podemos ser os protagonistas sem sequer estarmos cientes ou sermos a origem desses conteúdos. Assim, acabamos por nos perseguir, buscando nosso próprio nome no Google, tentando recuperar vestígios do eu perdido. Nós "terminamos", e nossa existência é reiniciada, como um sistema operacional, à luz eletrônica de todas as alteridades que se alimentaram de nossos dados para recompô-los e recombiná-los em narrativas de todos os tipos, além do princípio do sujeito. Entretanto, os impulsos místicos "piratearam as tecnologias que deveriam tê-los inicialmente eliminado" (Danis, 1998, p. 23).

Uma das características distintivas da tecnologia e da magia é que, na primeira, especialmente na era mecânica, há uma relação congruente entre causa e efeito, esforço produzido e resultado obtido. Na era da tecnomagia, ao contrário, o princípio funcional que serviu de eixo à ação tecnológica moderna está desarticulado, e uma série de objetos e serviços, *gadgets* e aplicativos, máquinas e dispositivos, cuja principal característica reside em seu aspecto mítico, sensual e onírico, invade o cenário em meio às faíscas do marketing e ao deslumbramento coletivo. De um ponto de vista estritamente utilitário, essa panóplia não serve para muita coisa; sua capacidade de cristalizar imaginários, suscitar emoções e promover vínculos tecnossociais lhe confere, entretanto, um grande valor. Consequentemente, temas como a obsolescência programada ou o impacto ecológico devastador de todos esses produtos no mercado não recebem a atenção que mereceriam dos consumidores, encantados como estão pelas fantasmagorias das mercadorias, seduzidos pelas sereias da publicidade, embalados e esmagados entre as multidões, as tendências e as modas. Se as revoluções industriais, a cultura do consumo e a sociedade do espetáculo acenderam, de forma progressiva e paradoxal, fogueiras sagradas ao redor do sistema de objetos e signos, só recentemente essas cadeias adquiriram uma verdadeira independência simbólica e parecem desvinculadas dos critérios históricos da razão e do progresso.

❋

A tecnomagia não é apenas um artifício do capitalismo neoliberal, é um movimento que move e comove o estar-junto em suas curvas, meandros e refúgios, exatamente onde a ordem social tradicional fundada sobre o Estado, as famílias, os partidos, os sindicatos e outras instituições modernas se desfaz em agrupamentos comunitários e reticulares. Antes mesmo de gerar lucro, a tecnomagia emite vibrações e dá ritmo às danças. Ela nos toca e nos retoca, despertando a infância em cada um de nós. A esse respeito, Theodore Roszak já havia captado o poder simbólico dos meios eletrônicos antes da difusão massiva dos computadores:

> A visão é a seguinte: estamos sentados diante de uma tela luminosa, acariciando as teclas, observando coisas incríveis na tela na velocidade da luz. Palavras, fotos, imagens aparecem do nada. Como uma crian-

> ça, começamos a acreditar na magia novamente. E, como estamos fazendo magia, um senso inebriante de poder acompanha a ação. Temos a cultura de todo o planeta, ali, na ponta dos dedos! Todos os bancos de dados, bibliotecas, arquivos, filmes, museus de arte, outdoors, telefones e aparelhos de fax do mundo estão nessa única caixa (Roszak, 1994, p. 186).

Enquanto isso, a caixa se tornou praticamente invisível. Temos até a percepção de que os resultados obtidos com os aparelhos digitais que nos rodeiam são frutos de um mistério, em vez de ações ou operações determinadas, como se nossa época fosse regida por princípios que foram banidos no século das Luzes:

> Os comandos que você digita em um computador são um tipo de discurso que comunica menos do que faz as coisas acontecerem, direta e inevitavelmente, como quando se puxa um gatilho. São encantamentos, em outras palavras, e qualquer pessoa minimamente sensível às grandes tendências tecnossociais do momento [...] sabe que a lógica do encantamento está impregnando rapidamente o tecido de nossas vidas (Dibbell, 1993, on-line).

Essa lógica do encantamento transforma as ferramentas que usamos em "tecnologias de adjuração" (Bohrer, 2011). Quando encontramos problemas com nossos dispositivos, após uma série de impropérios, reações impulsivas e violentas que suscitam as discussões mais amargas com nossos parceiros, amigos mais próximos ou membros da família, recorremos aos novos magos do nosso tempo: os nerds, que, no imaginário coletivo, são os detentores de um conhecimento obscuro capaz de nos conduzir a um novo mundo no qual somos feitos da mesma matéria que os sonhos, parafraseando William Shakespeare. Mestres de um universo ininteligível para a maioria dos indivíduos, escondidos nas sombras de seus quartos e garagens, capazes de decifrar a metafísica do código (Josset, 2011), esses atores dotados de uma ética *hacker* se assemelham a figuras de xamãs, bárbaros ou piratas, portadores de uma sensibilidade estranha à estabelecida pelas instituições modernas de conhecimento e poder.

Como destacaram Mark Mckenzie (2006) e Pekka Himanen (2001) em seus escritos pioneiros sobre o assunto, a sensibilidade *hacker* desafia o princípio da propriedade privada do conhecimento que fundamentou nossas sociedades e desgasta a estrutura individual sobre a qual se construiu a cultura moderna. A comunidade de criadores de memes, na origem de uma estética social desordenada, é emblemática nesse aspecto. Seus jogos linguísticos audaciosos e impertinentes, cheios de ironia, reapropriações simbólicas, artifícios e citações, visando contaminar viralmente a Rede em um espírito carnavalesco de códigos iniciáticos, são os prenúncios de uma socialidade liberta da autoridade do sujeito e do prestígio do que é autêntico, original e assinado. Pelo contrário, a tecnomagia dos memes marca o surgimento de criações que vão além da arte tradicional, fruto do talento conectivo, que se apresenta como uma entidade magmática, poderosa e precisa, que desencadeia, em um clima festivo e transpolítico, ondas emocionais, adesões apaixonadas e guerrilhas semióticas.

Forma elementar da cultura digital, sincretismo entre inteligência coletiva e emoção pública, arte, brincadeira e festa, o meme é um lampejo tão intenso quanto efêmero emanado das danças vibrantes do corpo social (Jost, 2022). Sua proliferação frenética é o reflexo de uma recriação generalizada da realidade social em consonância com as mutações sociológicas e antropológicas igualmente febris que caracterizam nossa época. O espírito que o inspira, como a arte de habitar o mundo, promove uma forma de vida comum que revaloriza a cultura da dádiva por meio de práticas hedonistas e descomprometidas, que são baseadas em um engajamento lúdico paradoxal. Disso, resultam formas de identificação e solidariedade capazes de fazer e desfazer corpos, pactos e comunidades, acompanhadas de ritos e mitos que reencantam o mundo até então dominado pela razão instrumental, pela produção e seus critérios quantitativos. Essas são as ferramentas de distração em massa que emergiram das entranhas da Rede para dar voz à resistência e à recriação da cibercultura original – ou melhor, de seus restos obstinados e pulsantes –, que se opõe à influência das novas e antigas elites econômicas, políticas e culturais nas redes digitais.

11
A aura eletrônica

Os Daemons do Cemitério levarão o avatar até a Pira, uma fogueira subterrânea eterna abaixo do centro do Black Sun, e irão queimá-lo. Assim que as chamas consumirem o avatar, ele desaparecerá do Metaverso, e então o usuário será capaz de retornar como de costume, criando um novo avatar. Mas, de preferência, que seja mais cauteloso e educado da próxima vez.

Neal Stephenson, Snow Crash

Longe de ser neutro, o espaço percorrido pelos fluxos digitais pulsa, envolve, superaquece, perturba, atrai, desfigura, assusta e seduz. Ele toca a pele, instiga o imaginário. Une e separa corpos, objetos, seres vivos e não vivos. Sobreposto ao território físico, ou melhor, imbricado nele, exerce pressão para invadi-lo e moldá-lo à sua imagem, com a cumplicidade de todos os elementos humanos e não humanos que o compõem. Moldado por uma sinfonia de códigos informáticos, redes, cabos, máquinas e indivíduos, tem a ver com o sagrado na sua capacidade de transcender o território físico por meio de símbolos e ritos próprios, desencadeando estados de efervescência social.

Toda comunidade virtual, toda rede de *streamers*, todas as salas do Clubhouse, todo grupo do Telegram, toda tendência do TikTok, toda facção do *Minecraft*, todo recanto de *backroom* emana uma aura eletrônica de forte valor iniciático e místico, ainda que tingida de mundanidade. Essa aura reflete a vida cotidiana ao estilizá-la e integrá-la em um fazer-mundo multiespécies (Haraway, 2016), tornando-a extraordinária por meio de filtros, avatares, máscaras e outros artifícios simbólicos e narrativos.

Dotada de uma história específica, com sua verdade oficiosa à margem da verdade oficial e universal, cada bolha desse tipo carrega um estilo de vida e uma linguagem próprios. Em harmonia conflitante com outras expressões da galáxia da internet, elas desenham uma paisagem polifônica, fluida, mas também contraditória, marcada por intensas adesões emocionais feitas de amor e ódio, atração e repulsão. Ao olhar mais de perto, este mundo que habitamos também nos habita, alojado em nosso íntimo. Nós o recriamos enquanto ele nos recria, em um vai e vem que rompe a lógica da separação entre ser humano, meio ambiente e técnica, estabelecida com vigor do Renascimento até a segunda metade do século XIX.

A aura eletrônica, espaço liminar do estar-junto contemporâneo, constitui tanto o ambiente profano por excelência quanto a forma suprema do sagrado da nossa época. De fato, o sagrado torna-se "sacral", um termo que denota "a difusão do divino na vida cotidiana" (Maffesoli, 2016), muito além dos objetos de culto tradicionais. Como nos jogos de RPG, nos MMORPGs e nos mundos virtuais, esse tipo de novo Panteão envolve os indivíduos – fãs, adeptos e adoradores – de maneira interativa e participativa, tornando-os tanto protagonistas quanto sujeitos da cosmogonia digital.

Diferentemente da auréola pintada ao redor da cabeça dos santos, esse brilho envolve a existência ordinária de todos os cibernautas em estado de êxtase, ou seja, imersos em uma comunhão digital, enfeitiçados pela Rede, presos em um voluptuoso abraço com o outro. Quer joguem ou conversem, repostem ou comentem, performem ou riam, andem de bicicleta, patinete ou skate, no *Minecraft*, no *Pokémon Go* ou nas procissões de NFT, a conexão digital que os empurra nos braços do outro os faz participar de uma dança tecnomágica que é tanto uma fuga da realidade material quanto um enraizamento em um imaginário conectivo: extensão e confusão do eu.

Nessa perspectiva, que carrega traços politeístas, animistas e pagãos, os ritos da socialidade digital glorificam uma maneira de habitar poeticamente o mundo, aqui e agora, manifestando a religiosidade contemporânea sob a forma de uma transcendência imanente que celebra com obstinação e fé, imaginação e fetichismo – sem futuro, nem paraíso – a vida nua impregnada de fantasias, sacudida por emoções e contaminada por toda a alteridade que a cerca. Uma rápida olhada nos *stories* do Instagram – vitrines onde proliferam rituais pequenos, mas significativos, que poetizam a vida comum de forma às vezes magnífica e frequentemente engraçada – dissipa qualquer dúvida sobre o real alcance desse espírito. Sua gramática traduz, altera e encobre tanto as teias quanto as estruturas da existência banal, permitindo um salto qualitativo, com liturgias e sacrifícios, ao que antes era considerado sem qualidade. Assim, os próprios dados da vida profana, além da secularização e do desencanto, são sacralizados: a carne com sua volúpia, a matéria em seu caráter sensível e sensitivo, os meios de comunicação como novos totens do estar-junto. Nesse contexto, figurinhas, *gifs*, filtros, animações, trilhas musicais, *hashtags* e toda a pontuação que se encontra nas mãos de cada usuário correspondem às poções mágicas, incensos, hóstias, adornos e toda a panóplia usada na esfera mágica e religiosa para – conforme o caso e com as nuances necessárias – invocar deuses, iniciar participantes no ritual, consagrar a passagem do profano ao sagrado e produzir efeitos especiais nos interstícios da vida. Da mesma forma, e de modo ainda mais marcado que nas religiões e nas artes ocultas, a cerimônia dos *stories*, das *selfies*, dos *reels* e das *lives* é um tributo em si, por sua estetização, aos cultos e mistérios da tecnomagia.

Como Benjamin (1982) já havia brilhantemente percebido na primeira metade do século XX, quando os meios de reprodutibilidade técnica extirparam a aura da obra de arte, o público progressivamente se torna o objeto e o sujeito desta, descobrindo que está no centro de um processo estético que, de maneira sincrônica, incorpora diversas ações fundamentais na vida individual: espetacularização, sacralização, alienação, reificação e consumo. A aura eletrônica que um encantamento digital deposita sobre nós é o signo sensível e, ao mesmo tempo, fantasmático do deslocamento da sacralidade e da beleza das catedrais e dos museus para nossos corpos, mas também desencadeia uma metamorfose no ser humano, confundindo-o com as mercadorias, os shows e as obras de arte.

❋

Fãs, consumidores, seguidores e todos os outros participam de uma performance desenfreada que desnuda e veste seus atores, uma espécie de *happening* capaz de condensar comunidades ao desfigurar os indivíduos que as compõem, uma orgia digital em que o erotismo e a morte coincidem. Por isso, a relação com as telas e dispositivos digitais repousa no binômio mórbido de atração-repulsão: as ressonâncias que eles emitem nos encantam, inaugurando conjunções, visões e mutações, ao mesmo tempo em que nos prendem com correntes sem fio, fontes de prazeres inebriantes, estresse insuportável, angústias devastadoras e dores atrozes.

A aura eletrônica, entre notificações, corações e curtidas, brilha e vibra ao nosso lado, é o que temos de mais próximo para nos projetar em outro lugar e preencher nossas vidas de alteridade. Imaginamos poder cruzar seu limiar, mas já estamos rodopiando em sua espiral. Supomos ser capazes de dar meia-volta e recolocar os pés no chão, livres das paisagens mediáticas, enquanto, na verdade, tornamo-nos mídia entre a mídia, a mídia da mídia. Temos a ilusão de controlar suas tramas, enquanto é ela que nos governa. Como *Alice no País das Maravilhas*, acessamos as paisagens que se desenvolvem nas profundezas de suas superfícies opacas, por meio de uma carícia na tela, um clique ou um comando de voz, pois acreditamos em sua tecnomagia e fantasiamos mergulhar em um território imaginário forjado por afinidades eletivas, onde podemos dar corpo à nossa imaginação – emocionados e confusos em uma vibração comum. Ora avançamos com convicção, ora hesitamos, assustados e trêmulos, vagamente conscientes e que estamos nos entregando indefesos a forças maiores que nós. A fábula romanesca do prêmio Nobel de Literatura Kazuo Ishiguro (2021, p. 150) é inequívoca: "Você é uma AA [Amiga Artificial] inteligente. Talvez consiga ver coisas que nós não vemos. Talvez você esteja certa em ter esperança. Talvez você tenha razão".

Nossa fé na tecnomagia, que não alimenta uma tensão em relação ao futuro ou a busca pela salvação, não se baseia em figuras abstratas: ela é fruto de um pensamento sensível, excitado, até alucinado, que acredita nos sonhos e ouve a carne. Consequentemente, a necessidade renovada do sagrado se manifesta na web menos pela difusão de novos cultos religiosos ou pela atualização on-line de formas mais ou menos tradicionais de religião, do que pela elevação espiritual de objetos, práticas ou imagens efêmeras, lúdicas ou sensuais, que nada têm a ver com o imaginário incorpóreo elaborado pela Reforma Protestante e seus avatares, mas que dizem respeito diretamente à dimensão sensível e onírica do divino social. Uma multiplicidade de pequenos clãs, tribos, igrejas, equipes, seitas e cenas prolifera nesse cenário, com baixo grau de institucionalização e uma densidade simbólica e emocional exorbitante. Cada um desses agrupamentos irradia uma forma de crença situacional e temporária baseada na troca de segredos, símbolos e afetos, que, na maioria dos casos, parece incompreensível, irracional ou simplesmente tediosa aos observadores externos e, mais ainda, aos detentores do saber e do poder social. No entanto, a troca simbólica que ocorre nesses universos fortalece estilos de vida comunitários, atribuindo-lhes um território para habitar. Isso é o que ocorre no caso dos jogos de RPG:

> Embora a maioria dos jogadores jogue apenas por diversão, os RPGs funcionam como rituais cerimoniais mágicos, especialmente em operações de clarividência ou "ritos de passagem", que também ocorrem em um espaço e tempo limitados, condicionados pela exploração imaginativa de um mundo paralelo que combina elementos realistas e fantásticos. Isso não quer dizer que os jogadores "acreditam" nesses Mundos Secundários no sentido religioso: mas que eles acreditam o suficiente para interagir com esses mundos, entrelaçando dispositivos técnicos (como mapas e dados), emoções e imaginação criativa, ainda que altamente estruturada (Davis, 1988, p. 157).

Além das características particulares dos mitos que permeiam os fluxos midiáticos, é sempre o corpo social, seu imaginário e suas performances que são celebrados por meio desse tipo de liturgias. Mais especificamente, está em jogo a natureza sombria, sensual e fantasiosa do imaginário coletivo. A antinomia entre espírito e corpo, sobre a qual nossa cultura foi por muito tempo baseada, é superada em favor de uma condição em que as duas dimensões se fundem. A desmaterialização da existência, concebida como uma libertação de suas estruturas materiais, associa-se, então, a uma reencarnação que carrega em si todas as pulsões do onírico e do maravilhoso. Slavoj Žižek propõe uma interpretação valiosa desse fenômeno:

> O "esclarecimento" literal, a "leveza do ser", o alívio que sentimos flutuando livremente no ciberespaço (ou, até mais, na Realidade Virtual) não são a experiência de estar sem corpo, mas a experiência de possuir outro corpo – etéreo, virtual, sem peso –, um corpo que não nos confina à materialidade inerte e à finitude, um angélico corpo espectral, um corpo que pode ser recriado e manipulado artificialmente (2012, p. 68).

Um corpo que, em muitos aspectos, não nos pertence mais. Não é o organismo que conhecíamos, mas algo diferente, cujo elemento humano constitui uma parte cada vez mais marginal. De fato, quanto mais nossas vidas são projetadas em telas mediáticas, desmaterializadas, espalhadas nas nuvens, no *cloud*, absorvendo códigos e se espalhando em fantasmagorias, mais a realidade material de nossa existência muda de forma, não apenas se tornando mais leve, mas também integrando novos componentes. Em outras palavras, ela traz em si traços, sinais e substâncias da alteridade. Estamos no centro de uma tensão centrípeta e centrífuga que, ao mesmo tempo em que nos desvincula de nosso corpo, movendo-nos em direção a "parentes inesperados" (Haraway, 2016), inunda-o de conteúdos, estímulos e imagens. Em consequência, enquanto, por um lado, acalentamos experiências extraordinárias em nossa imaginação, por outro, sentimos sempre o peso insuportável da nossa condição física, em uma espécie de assimetria frustrante – evidente durante a recente pandemia – entre vida midiática e vida material. Sempre que essas perspectivas se chocam, o indivíduo sente um desconforto inquietante.

Durante o confinamento que ocorreu entre 2020 e 2021, por exemplo, milhões de pessoas puderam se transportar para outros lugares graças aos meios de comunicação, usando máscaras adaptadas a cada situação, enquanto seus corpos permaneciam presos em casa, a ponto de vivenciarem distúrbios e desentendimentos de diversas naturezas, expressos sob a forma de depressão, violência doméstica, demissões, divórcios, violação das regras destinadas a conter a propagação do coronavírus... Esse caso, embora paroxístico, é altamente revelador do abismo entre uma e outra dimensão existencial, especialmente em uma época em que a midiatização da vida altera nossos hábitos, de modo que a paisagem midiática precede e transcende a paisagem física. A ruptura demanda uma ação restauradora destinada a unir as partes dissociadas, ação que não envolve renunciar às derivações do imaginário, mas integrá-las ao corpo e à vida cotidiana por meio de vários tipos de cirurgia estética: filtros, tatuagens, disfarces, substâncias psicotrópicas, anestesias ou, mais simplesmente, da teatralização multiforme da existência.

Não é por acaso que as ruas, as áreas rurais, as praças e as praias tenham se tornado a prolongação direta, imediata, mas hipermidiatizada, da vida digital, um palco aberto e contínuo para atualizar de forma vibrante as danças, as canções e todas as outras tramas que surgem das redes sociais. Antes dos incidentes ocorridos em Wuhan em dezembro de 2019, era raro observar transeuntes sozinhos ou em grupo engajados – ou melhor, desengajados – na elaboração de coreografias, POV (*point of view*[9]) ou interpretações para TikTok e Instagram, enquanto comportamentos desse tipo, marcados pela descontração generalizada, agora são comuns e fontes de eletricidade social. Em outras palavras, durante os longos períodos de isolamento impostos pela recente crise sanitária, nossas experiências digitais passaram a ser prioritárias, se não totalizantes, antecipando e superando o que acontece no território material. Este último, de modo que é paradoxal só em aparência, é agora uma extensão da paisagem midiática. Italo Calvino (1990, p. 28) escreveu, ademais, que "uma paisagem invisível condiciona a paisagem visível".

A desmaterialização do mundo operada pelos meios de comunicação – da fotografia à realidade virtual, passando pela comunicação sem fio – enfraquece, sem dúvida, a realidade que caracteriza a sociedade da modernidade tardia, mas também gera uma confusão fundamental entre o visível e o invisível, permitindo que o imaginário fertilize poderosamente as formas elementares de existência. Esse é um dos traços distintivos da condição contemporânea, que Yeats, lembrado por McLuhan, resume da melhor maneira: "O mundo visível já não é mais uma realidade e o mundo invisível já não é mais um sonho" (McLuhan, 2014, p. 93).

---

[9] N.T.: Em português, "ponto de vista". POV é um termo popular nas redes sociais da internet, sendo usado para retratar acontecimentos de maneira imersiva, como se o espectador estivesse naquela situação, com aquele ponto de vista.

12
Liturgias digitais

> *É tão estranho. Acho que tenho sonhado esse tempo todo, desde a última vez que falou comigo. Foram realmente dois anos? Você sabe, Glen, o que eu acho? Acho que as outras pessoas que estão à minha volta... parecemos cada vez mais próximas, de forma progressiva. Muitos dos meus sonhos não têm nada a ver comigo. Às vezes sou um homem, às vezes um menino. Às vezes sou uma velha gorda com veias varicosas... E estou em lugares que nunca vi, fazendo coisas que não fazem qualquer sentido.*
>
> Philip K. Dick, Ubik

Hoje, mais do que nunca, o imaterial permeia o real e o molda à sua imagem, tornando-se uma força material que cria imaginários objetivos. Como, então, as gerações mais ou menos jovens que estão no Twitch, BeReal, *Minecraft* ou TikTok poderiam limitar à dimensão digital o que vivenciam em termos de jogo, socialidade e paixão? É indiscutível que o enraizamento social nas paisagens midiáticas é a causa e o efeito de uma nova maneira de pensar, de estar presente e de estar junto – o prenúncio de uma nova encarnação. Surge, assim, uma espécie de terceira dimensão no mundo, uma forma de sincretismo entre vida digital e vida material. *Reels* na rua, desafios à beira-mar, mãos desenhando corações no estilo dos *emojis*, risadas de todos os tipos (*lol, kkkk...*), *stories* e *selfies* por toda parte: uma profusão de comportamentos situados na realidade física reflete atividades nascidas nas redes sociais. Assim, enquanto a indústria cultural clássica promoveu a transformação do mundo em imagem, um processo que possibilitou a desmaterialização dos corpos, lugares e experiências por meio de fotos, cartões-postais, filmes, programas televisivos, videogames e outros sistemas visuais e audiovisuais, as plataformas tecnossociais contemporâneas favorecem a transformação da imagem em mundo, uma condição na qual habitamos as telas e as imagens, imersos em uma infinidade de universos virtuais, metaversos, realidades aumentadas, comunidades eletrônicas, *deep fakes*, memes, *lives*...

Retornemos à fotografia, o primeiro processo de reprodução técnica da imagem. A difusão capilar e os usos da fotografia digital mostram claramente que o suporte fotográfico não desempenha mais o papel de testemunha da realidade que teve do século XIX à segunda metade do século XX, preservando as marcas da história. A fotografia, agora, se apresenta como o dispositivo privilegiado de uma recriação societal contínua da realidade, capaz de reconstruir o presente de forma conectiva e horizontal, por meio de conversas, brincadeiras e imaginação, no exato momento em que se revela. Assim imagina David Cronenberg (2014, p. 479) esse processo:

> A pessoa deixar de ser fotografada diariamente, até por si mesma, não ser registrada em gravações ou vídeo e dispersada nos vendavais turbulentos da internet era flertar com a não existência. Ela sabia que estava sendo desonesta com a dra. Trinh ao falar com ela sobre prova, mas o único efeito que esse fato teve sobre Naomi foi fazê-la se sentir mais inteiramente profissional. Era assim que a internet funcionava, e isso era libertador.

Em um contexto tecnomágico de aparência pop e surrealista, a consciência de cada indivíduo é invadida pela máquina tecnossocial, que integra o olhar e o toque do outro na experiência do sujeito. Consequentemente, não há nenhuma situação hoje, por mais banal que seja – especialmente essas –, que não seja fotografada enquanto ocorre, antes mesmo que aqueles que a vivenciam participem dela. Seja um beijo romântico em um cenário de tirar o fôlego, um supershow ou o prato que estamos prestes a degustar, somos constantemente tiranizados pela necessidade compulsiva de capturar imagens de nossas experiências. Somente depois de ver uma delas reproduzida em nossa tela e difundida em nossas redes, após sermos gratificados com um retorno em forma de *emojis* ou compartilhamentos, sentimos que a vivemos e que valorizamos sua existência real. Só assim ela ganha corpo em nós. Caso contrário, nunca existiu. Não devemos nos indignar nem nos surpreender que essas recriações fotográficas que surgem entre as telas dos smartphones e a web obedeçam sistematicamente a uma lógica de retoque por meio de filtros, maquiagens e outras ficções. Habitar a mídia significa, antes de tudo, aceitar como verdadeira a realidade do imaginário, do que circula nas trocas simbólicas e afetivas da internet.

"Tudo o que era vivido diretamente tornou-se uma representação." (Debord, 2017, p. 37). Algumas décadas depois dessas palavras de Debord, após o impacto da indústria cultural e o longo treinamento à midiatização ao qual o corpo social foi submetido em um banho de hedonismo e mercantilização da existência, a situação mudou: o que era, então, uma representação se tornou um mundo, e a imagem se traduz em vivência. Ao contrário dos imaginários que marcaram a era do cinema e da televisão, estamos, agora, diante de universos onde os fantasmas podem ser tocados, e nos tocam, antes de desaparecer.

Ao olhar mais de perto, nossas vidas adquirem um status fantasmagórico. Isso ocorre no caso do *ghosting*, todas as vezes em que, após nos inserirmos na vida dos outros, desaparecemos de forma inesperada e definitiva, rompendo toda comunicação. Esse fenômeno não é apenas consequência do caráter majoritariamente anônimo e virtual das relações digitais. É, acima de tudo, a prova da natureza transitória de toda identificação contemporânea em uma situação de nomadismo febril entre as abas e janelas da tela, os grupos, as salas, os portais e as redes sociais, de onde surgem emoções intensas, mas fugazes, sujeitas a um consumo rápido. Embriagados pelos jogos de máscaras e pelas viagens imaginárias ao nosso alcance, somos engolidos por um vórtice digital que processa e reelabora nossas vidas e a carne eletrônica que nos tornamos, impulsionando-nos a uma mutação perpétua, ao mesmo tempo deliciosa e perturbadora. Ela parece, de fato, nos dar qualidades divinas, como ocorre nos rituais mágicos, enquanto dissipa as estruturas sólidas e duradouras de nossa existência.

Desaparecer graças ao *ghosting*, trair ao se transfigurar, no sentido de passar de um ponto a outro, é um pouco como morrer: estar indisponível para o outro, desaparecer de si mesmo. Essa forma de resistência ao imperativo de "ser/estar" – ser reconhecível, estar disponível e localizável, ser residente – é também um sintoma da precariedade da "vida líquida" (Bauman, 1999) de nossa época. Além disso, tal comportamento não se limita à existência digital. Ao contrário, ele permeia amplas práticas sociais e um imaginário repleto de arquétipos, estereótipos e atitudes baseados em fluidez, mutabilidade e consumo, no sentido antropológico de desperdiçar... O poliamor, a diminuição dos casamentos e o aumento dos divórcios, o comércio sexual via redes como Tinder, Gleeden, Bumble ou Grindr, o histrionismo social, as variações repentinas dos climas de opinião são, portanto, sinais de dispersão, distante dos princípios de estabilidade e imutabilidade.

Tudo o que é sólido se volatiliza. Assim Marx e Engels descreveram a época marcada pelo modo de produção capitalista. Agora, é a nossa vez. De fato, em tais "condições de precariedade ontológica, esquecer converte-se uma estratégia de adaptação" (Fisher, 2020, p. 96). Esquecer e esquecer de si mesmo. Junto com as mercadorias e os espetáculos, os objetos e a moda, somos também fantasmagorias entre as fantasmagorias. Se escapamos ao olhar de nosso parceiro enquanto transitamos de uma relação a outra, também nos escondemos de nós mesmos. Talvez por isso a atenção e os cuidados com o corpo, a atração pela carne, bem como a obsessão por tudo que remete ao imaginário da terra, da comida e da natureza, estão cada vez mais acentuados. Para compensar uma ausência. A nossa.

Nesse contexto, o aspecto palpável da existência e a imaginação são brandidos simultaneamente de maneira hiperbólica. Assim, o isolamento imposto durante as fases mais críticas da recente pandemia, quando a vida social foi confinada à dimensão digital por meio de telas, deu origem a um sentimento de frustração. A história da comunicação de massa, no entanto, já nos habituou a uma reversibilidade entre mídia e vida cotidiana, uma regenerando a outra e vice-versa (Flichy, 1992), a uma alternância de mediação e encarnação, de vida eletrônica e vida material, em uma espécie de dança. É o que acontece, por exemplo, no cinema, quando o público, como se estivesse em uma alucinação, se projeta na tela e se deixa transfigurar, segundo a interpretação de Edgar Morin (1957), no corpo das estrelas. Posteriormente, a emoção e o deslumbramento proporcionados por Greta Garbo ou Rudolph Valentino deixam a sala com o espectador e se espalham na vida social, que eles ajudam a povoar de imagens oníricas e sensuais. Já no ciberespaço, estamos nos difundindo sob disfarces

– avatares, apelidos, identidades virtuais, *emojis*, hologramas – que nós mesmos criamos.

> Dessa tela escura neste apartamento até a situação ao nosso redor. O que é que está acontecendo? Quem é que está fazendo isso? Será que os nossos cérebros foram digitalmente alterados? Nós somos um experimento que por acaso não está dando certo, uma trama desencadeada por forças fora do nosso entendimento? (DeLillo, 2021, p. 84-85).

Somos possuídos e até superados pelas formas que criamos. William Gibson (1984), com uma precisão sociológica e psicológica rara, descreve a vida nos territórios eletrônicos como uma "alucinação consensual". Nesse mesmo espírito, videogames como *Minecraft*, *Scrap Mechanic*, *Raft* e muitos outros aproximam cada vez mais o jogador do arquiteto, seguindo o modelo inaugurado pelo universo virtual *Second Life* no início dos anos 2000; os *emoticons*, utilizados para expressar emoções além das palavras alfabéticas, são criados e personalizados diretamente pelos usuários, como no caso específico dos *memojis*; o *storytelling* deixou de ser o relato das celebridades e elites, para se transformar, através dos *reels* ou *stories* das redes sociais, em uma autonarrativa imaginativa e espetacular que estetiza cada pessoa à medida que ela se entrega ao outro.

Henry Jenkins, em *A Cultura da Convergência* (2013), destacou que milhares de fãs começaram a usar as histórias de *Harry Potter* ou *Star Wars* como ponto de partida para criar inúmeros universos mágicos dos quais eram protagonistas e novos feiticeiros. A magificação da cultura contemporânea resulta também de imaginários, práticas e fenômenos diversos, como o uso crescente de medicina não convencional, astrologia, técnicas New Age e permacultura, além do crescente interesse por filmes, jogos de RPG, séries e videogames como *Game of Thrones*, *Avatar*, *The Legend of Zelda*, *Dungeons & Dragons*, *Animais Fantásticos* e *Stranger Things*. Em última análise, seu sucesso é diretamente proporcional à crise das grandes narrativas e das verdades universais.

Uma explosão de neomisticismo está envolvendo a paisagem social, confundindo e contradizendo as premissas mais racionais e progressistas da sociedade do conhecimento. Ao desafiar as teorias mais comuns sobre a relação entre cultura e tecnologia, Davis (1998, p. 28) sugere que hoje existe uma pressão tão grande "sobre a informação – palavra, conceito, conteúdo em si – que ela pulsa de energia, atraindo mitologias, metafísicas e toques de magia obscura". Não apenas somos todos ciborgues, mas estamos nos transformando, sem perceber, em magos e feiticeiros de um mundo reencantado, onde nos convertemos tanto em sujeitos quanto em objetos de novas possessões, idolatrias e sacrifícios. Os altares do consumo e da comunicação, os locais supremos do divino social em sua carne eletrônica, entre dados, arte e mercadorias, tendem a se sobrepor, em termos de potência eletrônica, às catedrais religiosas e às instituições políticas tradicionais. Eles dessacralizam o que era sagrado e sacralizam imaginários profanos, a ponto de envolver a vida cotidiana com uma aura de magia e sombras. Por outro lado, poderíamos afirmar que a cultura contemporânea contribui, além do bem e do mal, para integrar ao corpo social a "parte maldita" estudada por Bataille, que foi marginalizada ou reprimida por séculos pelos sistemas socioculturais modernos, em uma tentativa de racionalizar a existência. O resultado é uma proliferação – da cena musical à rua, do cinema à web, passando pelas séries de TV – de caveiras, ícones sombrios, uniformes, manchas e cicatrizes, que envolvem o cotidiano com uma fascinante e perturbadora "estética do mal-estar", anteriormente reservada a figuras raras e malditas: anômicos, desviantes, *punks* e *junkies*.

> Assim, ao longo das décadas, uma pequena multidão cintilante na escuridão transmitiu uma estética trágica, obscurecida pela potência emanada das ruas, preservando o bem mais precioso apreendido do passado: a alteridade. Marchando inexoravelmente pelas ruas apocalípticas de Nova York, Londres, Tel Aviv, Paris, Belgrado, Berlim, Milão, Tóquio, Joanesburgo, São Paulo, passando por praças enfumaçadas pelos bombardeios dos anos de chumbo e manifestações lúgubres, realizando peregrinações simbólicas nos templos sagrados do hedonismo (como o Berghain, em Berlim), e mergulhando no abismo para abençoar as sepulturas nos cemitérios dos migrantes (manifestações *#blacklivesmatter*), preservaram os fragmentos culturais de suas múltiplas origens (Attimonelli, 2020, p. 109-110).

A natureza da sacralidade contemporânea e os sacrifícios a ela associados merecem atenção especial: as máscaras que proliferam nos teatros sem paredes do cotidiano, espalhados entre a web e a rua, dançam em torno de novos totens em nome de um prazer contraditório, conscientes de sua efemeridade. Fazem isso de acordo com seu estilo de vida, sem aderir a transcendências ou projetos que rompem com o imaginário de seu grupo eletivo, no contexto de novos parentes e múltiplas contaminações. Os ritos iniciáticos para acessar esses universos não são escritos nem prescritos, mas provêm de um tipo de saber incorporado pelos membros envolvidos no jogo. Seus códigos têm aspectos ocultos, parecendo intangíveis e opacos aos de fora da tribo, facção ou clã. Não é por acaso que esses ambientes são alvo de críticas e desprezo. Em uma de suas últimas conferências, Umberto Eco (2015) afirmou que as redes sociais são lugares onde qualquer "idiota" tem direito à palavra.

Sem dúvida, as plataformas aqui examinadas expressam uma inteligência completamente diferente daquela promovida pela deusa Razão do Iluminismo e implementada pelos poderes e saberes modernos desde o século XVIII. Hoje, lidamos com uma razão sensível, uma inteligência conectiva, uma maneira de ser e viver o mundo para a qual as dimensões lúdicas, emocionais e oníricas da existência são fundamentais. Segundo esse paradigma, a tecnologia não se manifesta mais como uma simples coleção de instrumentos para resolver problemas, realizar tarefas e agir sobre o meio ambiente. Ela assume a forma de uma tecnomagia capaz de promover a comunhão de comunidades, redes, máquinas, formas orgânicas e inorgânicas, vivas e não vivas, em torno de comunicações, ícones e outros fetiches, nos turbilhões de uma dança extática na qual o ser humano, em estado de efervescência e perda, de prazer e dor, não é mais o protagonista. Para apreender plenamente o sentido e as formas desse fenômeno, sem esquecer o que resta de sensual e pulsante na carne eletrônica explorada pelas artes – de Steve Mann e Stelarc a Hu Weiyi, Eduardo Kac, Oriana Persico e Salvatore Iaconesi, passando por Bill Viola e Maurice Benayoun –, é essencial examinar como nossos corpos elaboram e absorvem a mutação em curso há décadas no vai e vem entre fábricas, espetáculos, consumos e danças.

No cerne de cada crise que abala nossa sociedade, assim como nas fases que as precedem ou sucedem, a dança, em sentido estrito e amplo, se impõe: é isso que os corpos afirmam sem pronunciar uma palavra, flutuando entre os palcos urbanos contemporâneos, as tramas da Rede e em cada pedaço de terra que acolhe as vibrações musicais. Recentemente, tivemos uma prova contundente disso nas horas mais sombrias da crise sanitária, nos corredores dos hospitais seguindo as tendências do TikTok, nas varandas dos apartamentos durante os confinamentos, ou durante a invasão russa na Ucrânia, na siderúrgica de Azovstal bombardeada e nas ruas devastadas de Mariupol, quando médicos, enfermeiros, sobreviventes, cidadãos comuns e resistentes improvisaram cantos e danças com uma leveza desesperada para celebrar a vida nas marcas e feridas da dor. É isso que resta após o declínio do humanismo. Os ritos e mitos que envolvem nossa paisagem cultural com uma alegria trágica, impondo uma festa no coração da decadência, são provas tangíveis de uma celebração sacrificial na qual o indivíduo moderno se dissolve e a nova carne estremece. O poeta de Baltimore foi um visionário ao antever:

> Pode ser que exista uma classe de seres, pertencentes outrora à humanidade, agora invisíveis para ela, cujos olhos, em sua região distante, veem nossa desordem como ordem, nosso não pitoresco como pitoresco; em suma, os anjos terrestres, dotados de um senso de beleza refinado pela morte, para quem, mais especialmente do que para nós, Deus pode ter decidido exibir os imensos jardins-paisagens dos hemisférios (Poe, 2016, p. 8).

13
Dançando sobre ruínas

O homem era um acontecimento fugaz em bases proteicas. Um animal realmente surpreendente, claro, que se espalhara havia pouco neste planeta e por fim, bem como outros seres maravilhosos, desapareceria. Substituído por vermes, cogumelos e micróbios. Ou enterrado sob uma grossa camada de sedimentos. Um fóssil divertido que não será desenterrado por ninguém. Mas as plantas ficariam. Já estavam lá antes de nós e sobreviveriam a nós. Este lugarejo ainda era uma cidade que diminuía, a produção havia muito parara, mas os verdadeiros produtores já estavam trabalhando. A decadência não se abateria sobre esse lugar, mas sim o asselvajamento completo. Uma incorporação proliferadora, uma revolução pacífica. Paisagens florescentes.

Judith Schalansky, O pescoço da girafa

A modernidade ocidental, com suas metrópoles de concreto e telas, concentrou toda a energia disponível – e mesmo, até recentemente, indisponível – em seu esforço para conquistar e dominar o tempo, às custas do espaço e do corpo. A filosofia da história em jogo aqui, como evidenciado pelo *Angelus Novus* de Paul Klee interpretado por Benjamin em suas *Teses sobre o conceito de história*, está voltada para uma profanação material e mundana do paraíso em várias versões – sociedades sem risco, de abundância, do bem-estar ou da perfeição, todas fundamentadas na negação da morte. Ela remete a um tipo de Éden artificial sustentado pelo racionalismo, individualismo, valor do trabalho e ideologia do progresso, presidido pela deusa da Razão e indiferente aos montes de ruínas deixados em seu rastro.

Desde a invenção do cinema, a maior mídia das metrópoles, muitos filmes dedicados ao imaginário urbano destacaram com grandiloquência e efeitos especiais os sonhos e as feridas da artificialização do mundo inaugurada pelo surgimento das grandes cidades europeias. De um dos primeiros filmes da história, *La Sortie de l'usine Lumière à Lyon,* ao ícone *Aurora*, passando pelos outros clássicos *Metrópolis*, *King Kong* e *Tempos Modernos*, até *Blade Runner*, *Robocop*, *A Origem*, *Ela* e *The Batman*, o ritmo da cidade é submetido ao imperativo da produção, do pensamento calculista e do progresso econômico, expulsando ou punindo emoções, paixões e sonhos em nome de princípios supremos que se sobrepõem à vida humana e à biosfera. Desvio, anomia ou loucura se tornam estigmas para aqueles que se opõem ao paradigma hegemônico, por isso a música e a dança são banidas dos limites da cidade, exceto na forma de entretenimento bem dosado, como uma pausa temporária entre o trabalho e a reprodução social.

Não é por acaso que as formas mais obstinadas de resistência à violência da ordem estabelecida surgiram impulsionadas por danças convulsivas e sons dissonantes em relação às vozes e aos movimentos dos regimes opressores. Os porões de Paris durante a ocupação nazista e seus ritmos frenéticos de jazz; a Berlim dos anos 1980 e suas vibrações techno que liberaram a vitalidade clandestina de uma cidade sufocada pela Guerra Fria; as margens do rio Wisla em Varsóvia onde, após décadas de invasões e ditaduras, surgiu uma cena societal despreocupada e hedonista que, ao som da música, levantou-se das muitas catástrofes sofridas; o turbilhão festivo que agita o bairro San Lorenzo em Roma, local com muitas cicatrizes do passado; os sons eletromarciais que ecoam das antigas fábricas de Detroit, que, após os estragos de uma crise econômica devastadora, renovam e revigoram o corpo social em uma celebração pós-industrial generalizada; o punk rock feminista irreverente do Pussy Riot, fonte de agitação social contra o autoritarismo liberticida de Putin e seus oligarcas na Rússia; os passos sinuosos do samba que arrancam por alguns momentos eternos o Brasil da escravidão passada e contemporânea... A dança é o dispositivo de resistência mais poderoso contra as estratégias de mortificação e embriaguez da vida coletiva. Ela condensa e coordena a alegria de viver, acolhendo o formigamento do corpo e permitindo que ele recrie a si mesmo e ao mundo em uma espécie de ressurreição pagã da carne. Deixemos que o poeta fale:

> [...] esse corpo que dança parece ignorar o que está ao seu redor. Parece lidar apenas consigo mesmo e com outro objeto, um objeto capital, do qual ele se desprende e para o qual retorna, mas apenas para encontrar algo do que fugir novamente... [...] Sim, esse corpo dançante parece ignorar o resto, não sabe de nada do que o cerca. Parece que ele ouve somente a si mesmo; parece que ele não vê nada, e que os olhos que ele porta são apenas joias, dessas joias desconhecidas de que fala Baudelaire, brilhos que não lhe servem para nada. Assim, a dançarina está realmente em outro mundo, não mais aquele pintado por nossos olhos, mas aquele que ela tece com seus passos e constrói com seus gestos. Nesse mundo, não há objetivo externo aos atos; não há objeto a agarrar, a alcançar ou a repelir... (Valéry, 1957, p. 1397-1398).

Dos lares cotidianos, emanam múltiplos os lampejos de luz que "não servem para nada". Após décadas dedicadas ao rigor, do thatcherismo às políticas de austeridade impostas pelas crises econômicas recentes, o tempo do carnaval retornou com vigor. Carnaval: levante da carne, que adquire valor. Diante das dramáticas conjunturas de saúde e guerra dos últimos anos, ainda há corpos dançantes que inauguram sinergias, comunhões e conjunções inéditas com as muitas partes do mundo devastadas pelo homem, colonizadas e martirizadas. Esse é o significado mais marcante das contemporâneas *cidades musicais*, como Cintia Sanmartin Fernandes e Micael Herschmann (2018) as rebatizaram.

A crise que assola o Ocidente há décadas é também – ou principalmente – causada pela propagação de um novo espírito do tempo na sociedade, uma temporalidade que difere do ritmo da modernidade. O surgimento de dinâmicas associadas ao *carpe diem* e ao presente, assim como de práticas que respeitam o meio ambiente e são sensíveis às dimensões não humanas da existência, é um processo inconciliável com a marcha do progresso à qual nos acostumamos. Essa emergência é marcada pela alternância entre uma aceleração avassaladora, irredutível às lógicas da política e da economia, pronta para dissipar seu sentido ao retirar a possibilidade de controle, medição e orientação do corpo social; e uma desaceleração paroxística que interrompe a cadeia da funcionalidade social e desta "vida ativa" que, segundo Hannah Arendt (1983), caracteriza o sujeito moderno em sua dedicação ao trabalho, à obra e à ação.

> Eu acreditaria somente num deus que soubesse dançar. Quando vi meu diabo, achei-o sério, meticuloso, profundo e solene: era o espírito de gravidade – ele faz todas as coisas caírem. Não com a ira, mas com o riso é que se mata. Eia, vamos matar o espírito de gravidade! Aprendi a andar: desde então, corro. Aprendi a voar: desde então, não quero ser empurrado para sair do lugar. Agora sou leve, agora voo, agora me vejo abaixo de mim, agora dança um deus através de mim. Assim falou Zaratustra (Nietzsche, 2011, p. 86-87).

O tempo da dança voltou. Já destacamos que essa prática foi uma das mais afetadas pelas medidas sanitárias durante a pandemia de Covid-19, mas também como ela se tornou, entre *raves* e festas clandestinas, o terreno fértil de um verdadeiro espírito de resistência e recriação. Assim, uma infinidade de danças foi liberada sobre as ruínas da modernidade. Ruínas da política, da arte, da cultura, da identidade, da nação... Esse é o espetáculo ordinário, ou melhor, extraordinário, que testemunhamos quando olhamos para os espaços carregados de simbolismo e emoção do cotidiano.

No crepúsculo do Ocidente, quando tudo que está à beira da obsolescência parece prenunciar horizontes sombrios, uma sensibilidade se destaca com exuberância no palco da experiência vivida, abraçando o sentido trágico da existência e se entregando, ainda que de forma desordenada, ingênua ou inconsciente, a um impulso dançante, animado tanto pela alegria dos sentidos quanto pela embriaguez dos sonhos. Enraizada no momento e voltada para as fantasias, essa sensibilidade nos faz tocar o céu enquanto mantemos os pés no chão, mergulhados na lama, como em uma festa livre. Profundamente pagã. De frente para a morte.

Assim como, na primeira metade do século XX, Siegfried Kracauer examinava os ritmos de Berlim por meio das melodias populares cantaroladas pelos transeuntes, a trilha sonora do nosso tempo – oficiosa e de certa forma clandestina – ressoa nos ritmos urbanos, pós-urbanos e telemáticos em que vibra a socialidade contemporânea. Entre becos e vielas metropolitanos, todas as ocasiões são boas para transformar a cidade em um espaço festivo, perdendo-se em encontros corporais e turbilhões emocionais, capazes de restabelecer formas de simpatia e empatia entre sujeitos e objetos.

O fim das ideologias e a dissolução das grandes narrativas coletivas, assim como o ranger dos eixos sobre os quais a modernidade foi construída – acumulação, expansão, educação, etc. –, são contrabalançados por um fervilhar cultural que se condensa em uma sucessão de abraços, fusões e efusões. Vibrar em uníssono, compartilhar uma paixão, brincar e se distrair sem qualquer finalidade política ou produtiva, pelo simples prazer de estar junto: essas são as chamas que geram a socialidade contemporânea; da qual a cultura digital, dentro e fora do mercado e da política, é a figura emblemática. Fogueiras sagradas, faíscas de uma festa sem fim que queimam e dilapidam corpos, substâncias, identidades, objetos e símbolos no exato momento da exaltação festiva.

> Os tempos confusos transbordam de dores e alegrias. Dores e alegrias com motivos amplamente injustos, com destruições inúteis do que está em curso e ressurgências necessárias. Devemos criar novos parentescos, linhagens de conexões inventivas. Devemos aprender, assim, no coração de um presente denso, a viver bem e morrer bem, juntos (Haraway, 2016, p. 13).

Como demonstra o trecho acima, a filosofia de Donna Haraway, cujo trabalho vai do *Manifesto Cyborg* à descrição do *Chthuluceno* como a arte de habitar o mundo no desconforto, entre perturbações e contaminações, convida-nos a estabelecer conexões inéditas por meio de atos livres e jogos linguísticos, dos quais a dança é provavelmente a expressão mais concreta e sonhadora.

Os ritos e mitos que sustentam a paisagem que se desenha diante dos nossos olhos – enquanto saltamos aqui e ali, um pé no chão e o outro no éter –, com uma referência especial à vida e à música eletrônica e, mais especificamente, ao techno, são testemunhos vivos de uma celebração sacrificial na qual um corpo e um imaginário são substituídos por outros. É por isso que as muitas danças que invadem cidades, campos, montanhas, praias e desertos, festivais, fábricas desativadas, garagens e galpões, nunca são totalmente inofensivas nem indolores: a carne que se apresenta pelo alto-falante ou nos aplausos ao final de um *set* de DJ é acompanhada por uma carne que desaparece, exausta. De fato, nesse tipo de evento,

> [...] não vamos apenas para nos divertir, mas para nos deixar absorver, quebrar e transformar por completo. Esse "todo" pode ser um show, uma *rave*, uma reunião ou até um supermercado – qualquer lugar onde possamos encontrar e sentir as energias dos outros e confrontá-las, seja pela música, pelo discurso do orador ou pelas cores e formas das embalagens de sabão em pó. A busca não é apenas pelo produto que leva ao consumo, mas pela experiência de perda e transformação que ocorre nesse momento: aplaudir, reagir, gritar e se fazer ouvir, mesmo que apenas para si mesmo, em um espaço que, por vezes, parece sagrado (Joron, 2013, p. 56).

Cada território da dança é um espaço ocupado, autogerido e temporariamente liberado (Bey, 1985). Os êxtases resultantes são frequentemente facilitados pelo uso de drogas (MDMA, ecstasy, speed, ketamina, 2-CB, 3-MMC, GHB...) e outros coquetéis inebriantes, devido a sua capacidade de alterar a percepção psicossensorial, de "explodir" o corpo ao sintonizá-lo em outro espaço-tempo diferente do normal e normativo, jogando o sujeito nos braços de algo maior que ele: a tribo, a cena, as máquinas, a terra, a neve, a água...

Nesse contexto, as proporções até então estáveis entre trabalho e diversão, razão e paixão, política e vida cotidiana, abstração e emoção tendem a se inverter, cristalizando um imaginário no qual o onírico, o sensual e o festivo são os pilares. A falta de investimento no futuro e o desânimo em relação ao amanhã e ao progresso são compensados pela intensidade do momento vivido e pelo calor que funde, em um corpo a corpo generalizado, todas as figuras movidas pela dança, reduzindo as distâncias que por muito tempo separaram as pessoas umas das outras, mas também os sujeitos sociais de todos os elementos naturais, materiais e imateriais que os cercam. Em última análise, o retorno do paradigma da dança – e em particular da dança techno – não apenas rompe com a noção de tempo voltada para o amanhã e dispersa a energia social fora dos domínios do trabalho e da política, mas também sinaliza um enraizamento no presente e no espaço, nos braços de todas as formas possíveis e imagináveis de alteridade.

> *Beats* digitais, reações musculares. O mistério da dança reflete o mistério do corpo: algo insolúvel e, por isso, interminável; algo que nunca será completamente disciplinado; um amontoado anárquico de sensações, de consonâncias-dissonâncias entre nós mesmos e o mundo. Mês após mês, ano após ano, sinto meu corpo se acomodar, assentando-se sobre si mesmo como um edifício, enquanto, ao mesmo tempo, irradia uma espécie de glória obscura e melancólica (Mancassola, 2005, p. 111).

Cada espaço onde a dança se manifesta torna-se um palco para práticas performáticas de corpos emocionados e mutantes. Sozinhos e juntos, sob pressão, pingando suor, maquiados e travestidos, os indivíduos se despem da identidade cultural, sexual, política, de classe e de gênero que lhes é atribuída. Assim, eles se entregam ao espírito do momento, o *genius loci* da situação, uma soma de imaginário, carne vibrante, BPM, concreto, plástico, corações pulsantes e todos os elementos tecnoambientais que moldam a cena festiva como um lugar privilegiado para o trânsito e a epifania – a epifania do transitório. Das festas revolucionárias ao Burning Man, das experiências transgressoras da Sorbonne ocupada em 1968 às festas *queer* contemporâneas, passando pelos *dark rooms* do Berghain, as mutações mais marcantes da nossa história ocorreram enquanto se dançava.

> [...] a dança não é apenas um exercício, uma diversão, uma arte ornamental ou uma atividade social qualquer; ela é algo sério e, em certos aspectos, algo muito venerável. Toda época que compreendeu o corpo humano, ou que pelo menos experimentou o sentimento do mistério dessa organização, de seus recursos, de seus limites, das combinações de energia e sensibilidade que ele contém, cultivou e venerou a dança (Valéry, 1957, p. 1391).

14
Ser dançado

O techno é um encontro com o futuro sempre adiado.
Claudia Attimonelli, Techno

Após a longa era de separação que prevaleceu no Ocidente, desde a escrita de Gênesis até a invenção das ciências modernas, passando pelo Renascimento, observamos agora uma reaproximação entre natureza e cultura, eu e o outro, sujeito e objeto, público e obra de arte, corpo social e ambiente. Isso, em meio a multidões dançantes, materiais e imateriais, é acompanhado por um suspiro de alívio, uma espécie de tecnograça sentida pelos participantes do rito enquanto dançam e vibram em uníssono ao som das máquinas, mas também por uma dor intensa. Essa dor vem do trauma experimentado pelo corpo social e por cada pessoa ao se desprender daquilo que por muito tempo constituiu sua pele.

Por isso, antes de ir a uma festa techno, preparamo-nos de diversas formas, seja nos uniformizando com roupas de tons escuros (Attimonelli, 2011), seja eventualmente utilizando substâncias amargas para aliviar o corpo antes de executar passos marciais na pista de dança. Só após essa ruptura, depois desse esgotamento, é revelada a nova carne, uma hibridização entre técnica e biologia, cultura e natureza, divino e mundano, que germina como a substância fértil de nossa condição – em seu "tornar-se com" (Haraway, 2016).

A mutação em curso está diretamente ligada à falência do indivíduo moderno, causada por uma série de elementos que o transcendem, em uma nebulosa orgânica e inorgânica, telemática e terrestre, técnica e mística, na qual o ser humano não é mais o centro motor, mas uma partícula elementar entre outras. É por isso que a dança techno se caracteriza sobretudo por estar cercada, envolvida, por ser dançada. A utopia prometeica de se libertar das correntes e roubar o fogo dos deuses pertence ao passado.

Já se foram os dias em que os trabalhadores e as massas aspiravam a se desvincular das máquinas para obter poder e autonomia: agora é hora de dançar entre as correntes, como Charlie Chaplin nos mostrou em *Tempos Modernos*, de juntar o que ainda está ao nosso alcance para desfrutarmos juntos, nem que seja pela última vez. O resto não importa mais.

A melancolia, o mal-estar e o desconforto associados à maioria das pulsões festivas da nossa época – não apenas a ressaca, mas também os espetáculos cotidianos da pornocultura – são reflexos de um sentimento generalizado que integra a decadência do humanismo e a fugacidade do ser como única e última forma de viver intensamente. Em outras situações, a precariedade do trabalho, o transformismo, o jogo de máscaras, a errância amorosa e tantas outras manifestações análogas são indícios de uma forma de se ajustar à mutabilidade de todas as coisas: um estado de liquefação e um tornar-se múltiplo, com consequências tanto benéficas em sua florescência quanto devastadoras em sua capacidade de aniquilar o que já está dado, de alterar o *habitus*. Estamos lidando com a exacerbação da tragédia da cultura, que Georg Simmel registrou no início do século XX, diante das dinâmicas psicossociais desencadeadas pela modernidade, ao observar que a vida entra em conflito com as formas que ela mesma criou, pois não está mais em sintonia com sua própria realidade.

> Durante esses períodos, a vida percebe a forma como algo que lhe é imposto. Ela quer, então, romper com a forma em geral e não apenas com esta ou aquela forma. Deseja reabsorvê-la em seu imediatismo para ocupar seu lugar, deixando fluir sua força e plenitude de tal modo que todos os saberes, valores e figuras existentes ressoem como suas manifestações mais verdadeiras (Simmel, 1990, p. 232).

Em uma paisagem ritmada por acelerações (Rosa, 2013), metamorfoses e choques mais radicais em comparação à condição que o sociólogo alemão examinava, as formas da cultura eletrônica privilegiam a intensidade do *dancefloor*, as *trips* de uma noite infinita, a navegação entre os nós das redes, a sucessão de instantes, os brilhos efêmeros e as frivolidades, em vez das experiências sólidas e duradouras; e sustentam uma maneira de viver as profundezas a partir da superfície, entre os nós da carne eletrônica. Essa mesma condição incita os sujeitos sociais a desfrutarem intensamente de cada situação vivida, exigindo um gasto de energia que equivale ao paradigma antropológico do consumo: dilapidar, dissipar, queimar tudo na medida em que, como nos ensina o mito de Don Juan, é o desperdício de energia e a extrapolação luxuosa do princípio de utilidade que distinguem o humano em seu aspecto mais profundo, isto é, o gasto, a vida improdutiva.

A desintegração de tudo o que parecia sólido há algumas décadas e a dissolução de objetivos políticos e ideológicos até então perseguidos com fé e convicção são, consequentemente, compensadas por uma ânsia de viver, sentir e sonhar todas as práticas saboreadas em contato íntimo com o outro, por meio de uma comunhão de afetos e símbolos – mesmo que apenas em uma alucinação.

Esse tipo de excesso corporal e mental, assim como todos os outros fenômenos coletivos impulsionados pela embriaguez, pelo consumo exagerado e pelo desperdício de energia, são sintomas da diáspora do que há muito tempo foi nossa casa comum, tanto incubadora quanto gaiola, cuja norma foi estabelecida pelos paradigmas políticos, científicos e culturais da modernidade. Alguns dos princípios subjacentes a esses paradigmas – a segurança a ser alcançada, o ideal de perfeição e o ímpeto produtivo – são vistos com desconfiança e ultrajados de maneira arrogante em nome de uma outra vida disposta a flertar com a morte, ou até mesmo morrer para evitar adormecer de tédio. Como cantou o grupo italiano Port-Royal em uma performance eletrônica: "*We're not afraid to dance anymore but we'll be dying in time*"[10].

Os gastos festivos funcionam como uma iniciação a dolorosos prazeres, igualmente deliciosas e lancinantes são as substâncias e plataformas que sustentam grande parte de seu deleite: não apenas as drogas que suportam as muitas festas espalhadas por toda parte, mas também qualquer outro dispositivo de prazer que são a fonte de dependências, obsessões e aflições. Além da dança, esse conjunto inclui fenômenos e dispositivos tão diversos quanto o *gaming* e o *gambling*, o cibersexo, as maratonas de séries, o *stalking*, as atrações eróticas promovidas por aplicativos telemáticos de geolocalização e todos os outros pretextos em torno dos quais corpo e razão se dispersam em várias formas de êxtase para convergir, desfeitos e violados, no outro.

A alternância esquizofrênica entre depressão e euforia, frustração e alegria cósmica que marca a vida contemporânea não é acidental: o excesso de excitação a que o indivíduo está submetido, em um contexto de deslegitimação social dos objetivos e valores que esses estímulos sustentam, provoca uma reação distraída e passiva que só a intoxicação niilista pode

[10] "Não temos mais medo de dançar, mas morreremos no momento certo".

desbloquear, como parte dos ritos de inversão que consistem em digerir juntos as más substâncias do ser. Segundo Claudia Attimonelli (2018), essa é a genealogia afrofuturista da música techno, desde os porões de Paris durante a ocupação, onde as pessoas dançavam convulsivamente ao som do jazz, até as fábricas de automóveis desativadas de Detroit, onde gerações traídas pelo capitalismo aprenderam e atualizaram a arte de habitar poeticamente o mundo.

Ao reapropriar-se criativamente das ferramentas da produção, impregnar-se de imaginários industriais e sintonizar-se com os sons das máquinas, as vanguardas da cultura eletrônica traduziram e reinventaram os ritos e ritmos tecnomágicos para aprender a dançar entre as correntes. Essa é a obra suprema elaborada ao longo dos séculos pela cultura popular em sua resistência obstinada, irônica e astuta à opressão: não se trata – muito menos hoje – de se libertar das máquinas ou de alcançar o poder, mas de distorcer o significado do sistema, impondo a recreação e o prazer em meio à alienação e à reificação (De Certeau, 1999).

Como uma flor maldita e jamais vista, a carne eletrônica surge nas feridas e fendas do capitalismo, entre fábricas, campos abertos e redes digitais. Davide Manuli foi uma das testemunhas mais visionárias dessa condição em sua interpretação cinematográfica de *A lenda de Kaspar Hauser*, em que o menino autista, selvagem e iletrado, saído do nada após o longo encarceramento injustamente imposto para excluí-lo da linha hereditária, dotado de um corpo andrógino e os cabelos loiro-platinados de Silvia Calderoni, coloca os fones de ouvido de um DJ e se expressa ao som das convulsões techno produzidas por Vitalic. Parece a última obra viva e distante de um mundo já atingido pelo apocalipse, como se o primeiro lampejo da nova carne emanasse de uma *rave*.

Hoje, os humanos desaparecem como um rosto desenhado na areia e apagado pelas ondas. [...] Mas talvez seja apenas a partir dessa destruição que algo poderá um dia, lenta ou bruscamente, aparecer – não um deus, por certo, mas nem mesmo um outro homem –, um novo animal, talvez, uma alma que vive de outra forma... (Agamben, 2021, p. 24).

15
O mal-estar confortável e a nova carne

Minha cara amiga,
O bom senso nos diz que as coisas da terra não existem inteiramente e que a verdadeira realidade só é encontrada nos sonhos. Para digerir a felicidade natural, como a artificial, é preciso, antes de tudo, ter a coragem de engoli-la e os que talvez merecessem a felicidade são justamente aqueles a quem a felicidade, tal como a concebem os mortais, sempre teve o efeito de um vomitivo.
Charles Baudelaire, Les paradis artificiels

Os pontos de virada da história, quando uma cultura entra em colapso e outra nasce de suas cinzas, são marcados por bailes selvagens, espetáculos obscenos, embriaguez em massa e comportamentos libidinosos de todos os tipos. Isso ocorreu, para citar algumas datas significativas, no crepúsculo do Império Romano do Ocidente, no final da Idade Média e na década de 1960. Hoje em dia, as chamas da festa que brilham nos teatros dispersos do cotidiano, entre os espaços sonoros das noites tóxicas (Petrilli, 2020) e os *chats* picantes da web, nos excessos de consumo e nas marchas e paradas urbanas, merecem ser interpretadas não apenas como reflexos condicionados de um capitalismo focado na manipulação sorrateira do prazer e em uma "happycracia" (Cabanas, 2018) totalitária que disfarça a alienação como felicidade, mas, sobretudo, como sinais de uma decadência febril e de renascimentos desordenados ao ritmo dos corpos dançantes. A alternância entre vida e morte, esse arquétipo dos ritos que incendeiam os limiares de cada civilização, caracteriza indistintamente as bacanais, as saturnálias, o carnaval, as festas do coletivo Mess em Paris, do clube Vurt em Seul e do Fifty Beach Club em Kiev[11], as praias repletas de substâncias psicotrópicas de Ibiza, as orgias do Chemsex e todas as outras dimensões de ontem e de hoje que, com alvoroço ou na surdina, dissipam e ao mesmo tempo fertilizam órgãos, objetos, formas estéticas, máquinas, redes e paisagens.

"O verão no Sprawl, as multidões no shopping indo para um lado e para outro como se fossem talos de grama soprados ao vento, um campo de carne com marés súbitas de necessidade e gratificação." (Gibson, 2013). A condição psicofísica que acompanha essas passagens e paisagens, dos movimentos de artes marciais ao ciberespaço, passando pelas pistas de dança do mundo, é bem diferente da boa saúde promovida pelas instituições sociais. O corpo mutante que ela gera em sua decadência – como nos ensinam a poesia de Antonin Artaud, a literatura de William Burroughs, a fotografia de Cindy Sherman, a arte de Orlan e Matthew Barney, o cinema de David Cronenberg, Julia Ducournau e George A. Romero – está infectado, contaminado, alterado, em processo de confusão e hibridação com o outro. Sentir-se bem no contexto de uma festa, no sentido mais solene e iniciático do termo, sem qualquer atenuação, proporciona cicatrizes, aberturas, fissuras e poros propícios à circulação e troca de substâncias entre sujeitos, objetos e ambientes, predispondo o indivíduo ao prazer e não ao trabalho, ao estado de excitação e não de alerta, à recreação e não à ação: a ser agido mais do que agir.

---

[11] Em 25 de julho de 2022, um enviado especial à Ucrânia do jornal *La Repubblica* escreveu sobre isso uma reportagem com um título: "As noites proibidas dos jovens de Kiev: 'Com música e Eros, esquecemos a guerra'".

Os gemidos das criaturas inquietantes e maravilhosas que nascem em nosso planeta infectado provêm tanto de doenças quanto de exaltações festivas, de orgasmos múltiplos e depressões, de prazeres intensos e traumas irreversíveis, pois aqui a existência vale não pelo que o sujeito acumula e pela forma como se preserva para o futuro, mas pela sua dissipação no êxtase, em uma espécie de mal-estar confortável. Como nas cerimônias mágicas tradicionais (Mauss, 2004), o transgredir de limites, de todos os limites, torna-se uma forma de articular o espaço, redefinir o tempo e moldar o corpo de acordo com o imaginário em fermentação nas entranhas do vivido coletivo, em sintonia com a sensibilidade deste e em consonância com seus sonhos. Essa performance leva a uma condição irresolúvel, à sua natureza trágica, na qual coincidem os planos do bem-estar e da dor, e na qual a vida vindoura é incubada em abismos escuros e magmáticos.

Longe da despreocupação da *dolce vita* ou da atmosfera protegida dos anos 1980, o regime do prazer contemporâneo, mesmo em suas efervescências frívolas e seus impulsos hedonistas, é o reflexo de tudo o que aniquila o sujeito: dores, perdas, alienações, esforços, sofrimentos, arranhões, desvios e outros colapsos. Isso vale tanto para as práticas mais extremas – como o uso de drogas pesadas ao ritmo de sons pesados, quando a noite invade o dia em *afters* infinitos, o abuso de álcool, a vigília prolongada diante das telas até as primeiras luzes da manhã, os jogos de azar e os desafios imprudentes – quanto para as múltiplas situações cotidianas, especialmente aquelas vividas nas redes sociais, onde a autonomia, a intimidade e a tranquilidade do eu são postas em risco pela voluptuosa vida comunitária de pessoas conectadas, dependentes e apegadas.

A dança eletrônica – corpo a corpo, ao som das máquinas, com o suor que escorre de você para mim e de nós para o chão – é ao mesmo tempo uma performance e a prova antropológica, sociológica e estética mais evidente de uma inversão cheia de consequências para o nosso presente: o retorno, sob uma nova forma, de uma condição em que a vida reside no que se perde e não no que se ganha, no desperdício e não na acumulação, nas lacerações, contaminações, manchas, feridas, cicatrizes e na precariedade, e não na ordem, estabilidade, harmonia e limpeza.

Há uma crise no ar? Das entranhas do cotidiano, emerge o gesto apotropaico por excelência do *puer aeternus*: dançar sobre as ruínas. Não é por acaso que as grandes discotecas que se multiplicaram nas décadas de 1980 e 1990 estão hoje em crise, superadas por clubes, galpões, fazendas e espaços ao ar livre, mais *underground*, sombrios e hostis, por esses lugares de enraizamento e acorrentamento para os usuários, concebidos não para proporcionar conforto, mas para que possam se soltar, de todas as formas possíveis. Neles, pouco resta do entretenimento bem dosado pela indústria moderna do espetáculo, pois estão impregnados de uma cultura da distração, inextricavelmente associada à autodestruição. Estratégia final das comunidades e gerações que suplantam e transcendem a oposição entre resistência e adesão ao sistema pela recriação – de si e do mundo –, a dança do mal-estar e a dança no mal-estar prefiguram o que nos espera após o crepúsculo do Ocidente e do humanismo, um passo além da decadência. Embora possa chocar as classes dirigentes de ontem e de hoje, direita, esquerda, centro, protestantes, católicos, neoliberais e pós-socialistas incluídos, ali se respira uma certa facilidade, que emerge no mal-estar contemporâneo. Esse "mal-estar confortável" surge no sincretismo contemporâneo entre luxo e degradação, opulência e privações, luz e escuridão da existência. É o "sim" à vida na própria morte. Eis o que é a tecnomagia: uma dança sobre as ruínas, o êxtase no coração da distopia.

A alegria trágica que emana das agitações festivas contemporâneas, um sentimento desconcertante de nossa época, envolve e movimenta os indivíduos ao ato de cruzar todos os limiares – nações, identidades, gêneros, religiões, artes. Ela abraça pessoas, coisas, sons, materiais e meios ambientes, ora elevando-se, ora precipitando-se em uma dimensão aquém e além do ser humano. É um salto na escuridão: as primeiras faíscas de uma outra vida.

Essa talvez seja a origem da euforia que transborda dos muitos encontros contemporâneos, com o cheiro de catástrofe que eles exalam: dois estados mesclados em uma mesma vibração tão atraente quanto inquietante. Entre comunhões e conflitos, festas e lutos, espanto e tormento, o prazer de estar junto na dança é o rito iniciático que permite afirmar a vida – parafraseando a definição de erotismo de Bataille – até as profundezas da morte.

Dançar com a morte, sobre a morte e além da morte. Talvez seja o momento de evocar o imaginário medieval da dança macabra – maravilhosamente ilustrado pelo ciclo de afrescos *Trionfo e danza della morte* pintado em Clusone, na Itália, por Giacomo Borlone de Buschis entre 1484 e 1485 –, reatualizado pelas cenas urbanas, pós-urbanas e eletrônicas que permeiam na vida cotidiana: elas representam, após os surrealistas, futuristas, situacionistas e *punks*, a continuação inesperada das vanguardas históricas do século XX. São as vanguardas do prazer, de um prazer extático e traumático. Massas que se tornaram vanguardas para as quais cada dança é um passo novo e antigo, arqueofuturista, para estar aqui, agora e juntos, ritualizando, acariciando e integrando a morte, rumo à ressurreição da carne. Fora de si. No alívio da tecnograça, nas doces garras da tecnomagia.

ABERTURA

O novo realismo tecnomágico

A longa e escura noite do fim da história deve ser encarada como uma enorme oportunidade... De uma situação em que nada pode acontecer, de repente tudo é possível de novo.
Mark Fisher, Realismo capitalista

O tempo se contrai em espaço. Ele se torna um "lugar" que compartilho com outros e a partir do qual posso "crescer".
Michel Maffesoli, L'initiation au présent

Mais de três séculos após o surgimento das metrópoles modernas e o estabelecimento de uma poderosa artificialização do mundo, a midiatização de nossa existência se completa de maneira definitiva e acelerada, de modo que os meios de comunicação se tornam nossa principal linguagem e paisagem. A recente pandemia e o conflito na Ucrânia radicalizaram processos que já estavam em andamento há muito tempo. No primeiro caso, a distância social e os confinamentos destinados a conter a propagação do coronavírus foram compensados por um investimento exacerbado na socialidade e nas telas eletrônicas, que se tornaram os principais planos de experiência. O vínculo obsessivo e compulsivo que desenvolvemos com elas marcou nossas vidas, direcionando seus enredos para além do quadro espaço-temporal da crise sanitária. Embora essas medidas tenham ficado para trás, a dependência das redes sociais e dos meios eletrônicos assumiu um caráter irreversível, evidente em todos os níveis de nosso cotidiano, em todas as situações em que sentimos a urgência de sentir e habitar o mundo por meio das ferramentas de comunicação.

Basta observar os transeuntes através das vitrines de um café, lançando sobre eles o olhar sociológico sugerido pelo protagonista de *O Homem da Multidão*, de Edgar Allan Poe, para perceber que a relação entre as pessoas e os celulares, por exemplo, não segue a cadeia lógica das necessidades, mas, ao contrário, perturba sua ordem. Esse objeto, particularmente, nos desenraiza e faz com que fiquemos desorientados em relação ao local onde estamos, ao nosso entorno imediato e ao que estamos fazendo, projetando-nos em nuvens digitais em busca de afinidades eletivas e conectivas. A mesma observação pode ser estendida ao uso social da Siri, da Alexa, de séries de televisão, Twitch, Instagram, BeReal ou TikTok. Longe de obedecer a um princípio racional, nossa interação com eles é animada e alterada por vibrações tecnomágicas inefáveis e encantadoras. Atraídos pelas ressonâncias das máquinas e dos simulacros, acabamos por servir, em uma espécie de dança entre as correntes, o que antes nos servia.

Quando recorremos aos assistentes de voz apenas para ouvi-los e não nos sentirmos sozinhos, quando aproveitamos nosso tempo livre para seguir as notificações do X (antigo Twitter), encantados pela distração, quando passamos ansiosamente pelas imagens das redes sociais em *horror vacui*, quando nos imergimos em *playlists* infinitas do Spotify ou Deezer sem ouvir quase nada, quando cedemos ao medo intenso de ficar de fora ao perder algo (*FOMO, fear of missing out*), a promiscuidade sensual e psicológica que se estabelece entre os dispositivos digitais e nós mesmos é o prenúncio de um novo realismo tecnomágico, repleto de emoções transbordantes, imagens oníricas e pulsões eróticas, angústias e frustrações controversas. Em um poderoso oximoro, todos os ingredientes destinados a promover a leveza do ser coexistem com aqueles que propagam novas e antigas estratégias de tensão: Eros e Thanatos, *kkkks* e *cyberbullying*, *selfies* e *revenge porn*, Candy Crush e corpos torturados em Bucha, na Ucrânia, gatinhos do Instagram e *dark web*, culminando na imagem fantasmática e sensível de Zelensky, que combina o espírito da sociedade do espetáculo em seu entretenimento infinito com um físico heroico vestido com uma camiseta verde militar justa e *sexy* (Susca, 2023). Mais próximo da estética dos videogames e dos influenciadores do que do campo de batalha[12], é o uniforme por excelência de um avatar real na paisagem midiática contemporânea.

A guerra desencadeada pela Rússia nos confins da Europa, marcada por erros de cálculo e arrogância do Ocidente, desempenhou, de fato, um papel decisivo ao destruir as últimas fronteiras entre mídia e experiência vivida, comunicação e mundo, ficção e realidade. Combatida com armas hipertecnológicas e atos bestiais, com *deep fakes* e *stories*, drones e propaganda, diplomacia e barbárie, telefones celulares e tanques, ela mobiliza, pela primeira vez, a população mundial de forma generalizada, permanente e onipresente. Não se trata apenas dos cidadãos ucranianos, protagonistas de uma resistência orgulhosa agindo em todos os *fronts* – dos canais do Telegram às ruas de Kharkiv –, mas também de cada indivíduo global envolvido por tele-empatia nas cenas de guerra por meio das redes, vídeos, apelos, testemunhos e ficções provenientes tanto de cima quanto de baixo, das instituições aos lares de civis, dos consultores de imagem aos abrigos subter-

[12] Em 26 de julho de 2022, a capa da revista Vogue América consagra essa dimensão estética e comunicacional com uma foto da famosa Annie Leibovitz retratando Olena Zelenska abraçada em uma pose séria e carinhosa ao lado de seu marido Volodymyr Zelensky.

râneos das cidades sitiadas e de qualquer lugar onde Zelensky esteja, o primeiro presidente em guerra da história a estar simultaneamente oculto do inimigo, hiperpresente nas telas de todo o planeta e simulado na mídia – simulacro dos meios de comunicação. Sua carreira é, na verdade, um fato social total: criado pela indústria cultural como comediante, tornou-se o protagonista de um seriado televisivo que ele mesmo concebeu e escreveu, no qual interpretava o papel de um indivíduo mediano que ascendeu à presidência da república. Ele acabou se identificando com esse personagem à medida que saltava do contexto midiático para o contexto político, a ponto de o partido com o qual foi efetivamente eleito para o governo da Ucrânia ter o mesmo nome do programa produzido de 2015 a 2019, *Servo do Povo*, do qual ele se apresenta como a emanação direta.

Herói de guerra para uns, fantoche para outros, o jovem presidente de língua materna russa e origem judaica é ambos ao mesmo tempo, encarnando de maneira emblemática a natureza midiática da existência contemporânea. O que ficará inscrito na história, mais do que todas as suas intervenções nos parlamentos ao redor do mundo, é o que ocorreu durante a cerimônia midiática de terça-feira, 17 de maio de 2022, quando ele apareceu de surpresa na tela gigante do Festival de Cannes para fazer um discurso político repleto de referências cinematográficas, pedindo, como um novo Charlie Chaplin, a derrota do grande ditador Putin. Talvez seja inútil perguntar quem exatamente é Zelensky e o que ele realmente estava dizendo naquele momento. Recebido por uma forte salva de palmas, ele, que é ao mesmo tempo guerreiro, ator, humorista, influenciador e blogueiro, encarna, acima de tudo, em uma única pessoa de múltiplas faces, o presidente-ator e o ator-presidente originários dos fluxos midiáticos que informam nossa realidade. Aqueles mesmos fluxos que, no fundo e na superfície, impregnam nossas existências e fundamentam a verdade da vida contemporânea em terrenos movediços.

Após um longo período em que a tecnologia desempenhou o papel de instrumento nas mãos do ser humano, hoje nos encontramos em um sistema integral e inteligente de informações, algoritmos, máquinas, IA, redes e dispositivos tão poderosos que, depois de perdermos definitivamente o controle sobre eles, somos nós mesmos que derivamos deles. McLuhan, autor da famosa frase "o meio é a mensagem", não ignorava esse deslocamento: "Incorporando continuamente tecnologias, relacionamo-nos a elas como servomecanismos. Eis por que, para utilizar esses objetos-extensões-de-nós-mesmos, devemos servi-los, como a ídolos ou religiões menores" (McLuhan, 2014, p. 116).

Uma vez esgotado o mito prometeico, uma série indefinida de correntes eletrônicas sem fio coage nossas existências: são cordas, cadarços, correias ou, mais precisamente, os "vínculos" evocados por Giordano Bruno em seus escritos sobre magia. Estamos voluntariamente presos em suas armadilhas, aquelas que, nas fronteiras do eu, além do bem e do mal, nos envolvem e nos amarram a tudo o que é outro.

> Pela primeira vez na história do mundo, temos o absoluto em nosso bolso. O dispositivo, cuja manifestação mais evidente é a Web, é um império onde o sol nunca se põe. Ter um smartphone no bolso significa ter o mundo nas mãos, mas também estar automaticamente à mercê do mundo: a qualquer momento, uma solicitação pode chegar, e, a qualquer momento, seremos responsáveis por respondê-la (Ferraris, 2016, p. 17).

A tecnomagia contemporânea, com seu magnetismo arcaico e seus imaginários futuristas, tornou-se o totem da socialidade digital e pós-urbana, sua referência simbólica fundamental e fonte de uma efervescência ambígua. Em suas tramas convulsivas, o indivíduo está simultaneamente em êxtase, fora de si, à beira do abismo, mas também conectado à Grande Mãe, celebrada ao longo dos séculos sob diferentes nomes: Ishtar na Mesopotâmia, Atar na Arábia, Astarte, Hathor, Afrodite e Vênus para fenícios, egípcios, gregos e romanos. Entre a euforia do erotismo nos braços do outro e a angústia da alienação sob o olhar alheio, perdemos o ponto de vista e não sabemos mais se somos sujeitos ou objetos dessa dinâmica.

Navegar por esses fluxos, imersos nas ondas digitais, às vezes submergidos, é continuar as circum-navegações (Hugon, 2010) que, desde o século XV, permitiram a descoberta e a conquista do mundo, mas agora em sentido inverso: somos nós que estamos sendo descobertos e conquistados enquanto exploramos *sites*, atravessamos redes e conquistamos *tokens não fungíveis* (NFTs), documentos audiovisuais, avatares, salas e paisagens eletrônicas. Esse movimento do imaginário – uma jornada iniciática repleta de aventuras, *glitches* e naufrágios, que revela e ultrapassa os limites do presente – subverte a carne e transcende a psicogeografia, a política e as formas culturais derivadas do humanismo e da modernidade ocidental, e sua interseção: o indivíduo racional, autônomo e distinto.

"É hora de voltar à fonte", anuncia *Matrix Resurrections*, de Lana Wachowski. Este universo, examinado de perto, não é apenas ficção, mas o traço vivo do real que habitamos, suportamos e construímos juntos por meio de jogos comunicativos, sob o jugo da comunicação. Realização definitiva do sistema de signos, simulacros e objetos, sem descontinuidade entre matéria e imaginação – "Eu tive sonhos que não eram sonhos", confessa Thomas Anderson, também conhecido como Neo, no filme –, a matriz de contornos indistintos que nos atrai, na qual a biosfera é absorvida pela noosfera, a terra pelos *bytes*, a carne pelos *microchips*, é o espaço por excelência onde somos mais agidos do que agimos, onde acabamos sendo possuídos por aquilo que antes dominávamos.

Um mal-estar semelhante no indivíduo é facilmente detectável na "psicopatologia da sobrecarga de informações" (Lovink, 2011), uma espécie de doença social que se propaga de forma viral a partir das paisagens midiáticas, e que ataca quando a quantidade, qualidade e velocidade dos dados que recebemos são humanamente impossíveis de gerir, fonte de desordem e caos.

> Durante décadas, todo o sistema midiático tem se esforçado para ampliar a promessa de prazer, mas essa promessa nunca se concretizou, pois a aceleração do fluxo de informações causa uma sobrecarga de atenção que torna o prazer inacessível e o adia indefinidamente, reconfigurando o regime das psicopatologias de maneira original (pós-freudiana) (Berardi, 2009, p. 13).

Com sua panóplia de mercadorias e corpos que se proliferam nas paisagens contemporâneas, o prazer em questão, mais do que qualquer outro que o precedeu, sempre remete a outro prazer, em uma tensão contínua que nos deixa constantemente insatisfeitos e famintos, mesmo quando se realiza. Somos vítimas da eterna felicidade insaciável e contraditória de estar conectado, ligado, informado, ativo e disponível, *always on*, um estado que nos confere cidadania digital e, ao mesmo tempo, nos satura com dados certamente inebriantes, mas incontroláveis e incômodos.

Estamos todos na condição descrita pelo sexto episódio da primeira temporada de *Black Mirror, Joan is Awful* (Joan é horrível), no qual a protagonista descobre, atônita e aterrorizada, que sua vida se tornou um programa de televisão em tempo real, de acordo com um contrato que assinou distraidamente ao se inscrever em uma plataforma de conteúdo on-line, a *Streamberry*, cedendo seu direito de imagem. Em uma metanarrativa, a Netflix, produtora de *Black Mirror*, cinicamente vinculou o episódio ao site *youareawful.com*, convidando todos a serem "*awful*" (detestável, horrível), ou seja, substituir o rosto de Joan pelo seu nos *posters*, renunciando, como ela, ao direito de imagem em troca de uma estetização de si. Trata-se de algo *awful* em vários aspectos: revela ao público o sujeito em suas falhas, longe dos cânones da beleza, ao mesmo tempo em que o força a renunciar ao controle de sua própria história, para então transfigurá-lo em produto da indústria cultural.

❋

Assim como nos excessos carnavalescos da Idade Média, as performances contemporâneas, tanto on-line quanto em carne e osso, utilizando-se de substâncias antigas e novas, assim como de práticas longínquas e contemporâneas – psicotrópicos, notificações, *scrolling*, *swiping*, medicamentos anestésicos – consistem em ingerir, consumir, agitar-se, dilatar-se e abandonar-se para além dos limites do útil e do possível. O enfraquecimento do indivíduo que resulta disso produz simultaneamente uma abertura e uma ruptura. Sob a forma de invasão da privacidade, pornocultura, crise da intimidade, impotência reflexiva ou estresse informático, está, sem dúvidas, a origem da obscenidade que transborda de todos os canais da vida pública – entre a disseminação viral de *sextapes* no WhatsApp e as salas do Twitch, os anúncios publicitários e as *lives* no Facebook – em uma verdadeira "colisão total dos elementos" (Baudrillard, 2000, p. 33).

Nas liturgias digitais celebradas entre *posts*, *reposts*, memes, NFTs, *lives*, figurinhas, *selfies*, *stories* e *reels*, tudo parece ser movido tanto pela sede de prazer (desejar, excitar-se, sonhar, gozar) quanto pelo flerte com a morte (excluir, punir, vingar, acusar, eliminar). Essas liturgias derramam-se impetuosamente em nosso palco – das raízes do teatro grego às obras de William Shakespeare, Heiner Muller, Wajdi Mouawad, Leonora Carrington, Chiara Fumai e David Lynch, a *Stranger Things*, *Black Mirror* e todas as distopias que permeiam a vida cotidiana entre a rua e as redes –, revelando o lado trágico da existência. Se observarmos com atenção, é trágica a alegria que desencadeia os múltiplos orgasmos, a efervescência e os transes de nossa época: ela envolve o sujeito no exato momento em que ele se liberta e vacila. Só então ele finalmente descansa em paz.

Em relação à marcha do progresso inaugurada com grande pompa pela cultura ocidental no século XVIII, estamos testemunhando um retrocesso. Um passo atrás, um passo de dança. Como nos rituais extáticos de antigamente, praticados ontem e hoje para exorcizar a morte por meio de rituais compartilhados, o corpo que dança ao ar livre e nos subsolos, acorrentado e febril, entre redes digitais, fábricas abandonadas, florestas, galpões, campos e espaços urbanos de alta densidade emocional, estabelece novas conjunções entre o indivíduo e tudo o que o transcende. Lançando-se nos braços de todas as alteridades possíveis e imagináveis, ele está entregue à força do destino. Assim, sob a influência da tecnomagia, emergem os primeiros raios claros e sombrios da aurora digital.

Agora, o tempo acabou. Meu relógio marca apenas
o espaço. O tempo é a caminhada. O espaço é a dança.
Nós somos o relógio que dança o espaço.
Montpellier (França), janeiro de 2024.

Referências

ABRUZZESE, Alberto. *Analfabeti di tutto il mondo uniamoci*. Gênes: Costa & Nolan, 1996.

ABRUZZESE, Alberto. *Forme estetiche e società di massa*: arte e pubblico nell'età del capitalismo. Venise: Marsilio, 2001.

ABRUZZESE, Alberto. *L'intelligenza del mondo*: fondamenti di storia e teoria dell'immaginario. Rome: Meltemi, 2001.

ABRUZZESE, Alberto; BORRELLI, Davide. *L'industria culturale*: tracce e immagini di un privilegio. Rome: Carocci, 2000.

ADORNO, Theodor W.; HORKHEIMER, Max. *Dialética do esclarecimento*: fragmentos filosóficos. Rio de Janeiro: Zahar, 2014.

AGAMBEN, Giorgio. *Homo sacer*: le pouvoir souverain et la vie nue. Paris: Seuil, 1997.

AGAMBEN, Giorgio. *Quando a casa queima*. Belo Horizonte: Ayine, 2021.

ALBERTI, Leon Battista. *De pictura* (1435). Paris: Allia, 2015.

ANDERS, Günther. *L'obsolescence de l'homme*. Paris: Ivrea, 2002.

APPADURAI, Arjun. *Après le colonialisme*: les conséquences culturelles de la globalisation. Paris: Payot, 2015.

ARENDT, Hannah. *Condition de l'homme moderne*. Paris: Calmann-Lévy, 1983.

ATTIMONELLI, Claudia. Les couleurs du noir. Du deuil au fétiche orgiaque, de la blackness à l'uniforme. *Sociétés*, no 113. Bruxelles: De Boeck, 2011.

ATTIMONELLI, Claudia. *Estetica del malessere*: il nero, il punk, il teschio nei paesaggi mediatici contemporanei. Rome: DeriveApprodi, 2020.

ATTIMONELLI, Claudia. *Techno*: ritmi afrofuturisti. Rome: Meltemi, 2018.

ATTIMONELLI, Claudia; GIANNONE, Antonella. *Underground zone*: dandy, punk, beautiful people. Bari: Caratteri Mobili, 2011.

ATTIMONELLI, Claudia; SUSCA, Vincenzo. *Black Mirror et l'aurore numérique*: nos vies après l'humanisme. Montréal: Liber, 2021.

ATTIMONELLI, Claudia; SUSCA, Vincenzo. *Pornocultura*: viagem ao fundo da carne. Porto Alegre: Sulina, 2017.

BAKHTINE, Mikhaïl. *L'œuvre de François Rabelais et la culture populaire au Moyen Âge et sous la Renaissance*. Paris: Gallimard, 1972.

BARDAINNE, Claire; SUSCA, Vincenzo. *Récréations*: galaxies de l'imaginaire postmoderne. Paris: CNRS éditions, 2009.

BASTIDE, Roger. *Le sacré sauvage*. Paris: Payot, 1975.

BATAILLE, Georges. *L'érotisme*. Paris: Minuit, 1957.

BATAILLE, Georges. *A parte maldita*: precedida de "A noção de dispêndio". Belo Horizonte: Autêntica Editora, 2013.

BAUDRILLARD, Jean. *L'échange symbolique et la mort*. Paris: Gallimard, 1976.

BAUDRILLARD, Jean. *La société de la consommation*. Paris: Denoël, 1970.

BAUDRILLARD, Jean. *Mots de passe*. Paris: Fayard, 2000.

BAUDRILLARD, Jean. *Simulacres et simulations*. Paris: Galilée, 1981.

BAUMAN, Zygmunt. *Le présent liquide*. Paris: Seuil, 2007.

BENJAMIN, Walter. *Le livre des passages*. Paris: Cerf, 2006.

BENJAMIN, Walter. *Œuvres, t. 1, Mythe et révolte, t. 2, Poésie et révolution*. Paris: Denoël, 1971.

BENJAMIN, Walter. *Crocknotizen. Dans: Sull'hascisch*. Turin: Einaudi, 1975.

BENJAMIN, Walter. *Imagens de pensamento*: sobre o haxixe e outras drogas. Belo Horizonte: Autêntica Editora, 2013.

BERARDI, Franco "Bifo". *The soul at work*: from alienation to autonomy. Los Angeles: Semiotext, Foreign Agents, 2009.

BERARDI, Franco "Bifo". *Precarious rhapsody*: semiocapitalism and the pathologies of post-alpha generation. New York: Autonomedia, 2010.

BERARDI, Franco “Bifo”. *Heroes*: suicidio e omicidi di massa. Milan: Baldini Castoldi, 2015.

BERARDI, Franco “Bifo”. *Il terzo inconscio*: la psicosfera nell’era virale. Rome: Nottetempo, 2022.

BEY, Hakim. T.A.Z.: the Temporary Autonomous Zone, ontological anarchy, poetic terrorism. New York: Autonomedia, 1985.

BOHRER, C. Technologies de l’adjuration. *Les Cahiers européens de l’imaginaire*, n. 3, 2011.

BOLTER, Jay David; GRUSIN, Richard. *Remediation*: understanding new media. Cambridge: MIT Press, 1998.

BORRELLI, Davide. *Il mondo che siamo*: per una sociologia dei media e dei linguaggi digitali. Napoli: Liguori, 2008.

BOUDON, Raymond. *Effets pervers et ordre social*. Paris: PUF, 1977.

BOURRIAUD, Nicolas. *Inclusions*: esthétique du capitalocène. Paris: PUF, 2021.

BOWN, Alfie. *Candy crush and capitalism*. Londres: John Hunt, 2015.

BRETON, Philippe. *Le culte de l’Internet*: une menace pour le lien social? Paris: La Découverte, 2000.

BRIDLE, James. *A nova idade das trevas*: a tecnologia e o fim do futuro. São Paulo: Todavia, 2019.

BRUNO, Giordano. *La magia e le ligature*. Milan: Mimesis, 2000.

CABANAS, Edgar; ILLOUZ, Eva. *Happycratie*: comment l’industrie du bonheur a pris le contrôle de nos vies. Paris: Premier Parallèle, 2018.

CAFELATO, Patrizia. *Lusso*: il lato oscuro dell’eccesso. Rome: Meltemi, 2003.

CAHIERS EUROPÉENS DE L’IMAGINAIRE (Les). *La barbarie*, n. 1, 2009; *Technomagie*, n. 3, 2011; *Le baroque*, n. 7, 2015; *Le voyage*, n. 9, 2018. Paris: CNRS éditions.

CALABRESE, Omar. *Il neobarocco*: forma e dinamiche della cultura contemporanea. Florence: La Casa di Usher, 2013.

CAMPBELL, Heidi A. *Digital religion*. New York: Routledge, 2012.

CANEVACCI, Massimo. *Meta-feticismo*: un'etnografia esplorativa oltre la reificazione. Rome: Manifestolibri, 2022.

CANEVACCI, Massimo. *Sincretismi*: esplorazioni diasporiche sulle ibridazioni culturali. Gênes: Costa & Nolan, 2004.

CASTELLS, Manuel. *L'ère de l'information, vol. 1: La société en réseaux*. Paris: Fayard, 1996.

CHAMBERS, Iain. *Urban rhythms*: pop music and popular culture. New York: Martin's Press, 1985.

CLARK, Andy. *Natural born cyborg*. Boston: Oxford University Press, 2004.

CODELUPPI, Vanni. *Mi metto in vetrina*: selfie, Facebook, Apple, Hello Kitty, Renzi e altre "vetrinizzazioni". Milan: Mimesis, 2015.

COWAN, Douglas E. *Cyberhenge*: modern pagans on the internet. Londres: Routledge, 2005.

DAVIS, Erik. *TechGnosis*: myth, magic & mysticism in the age of information. Londres: Serpent's Tail, 1999.

DAVIS, Erik. Rêve instrumental. *Les Cahiers européens de l'imaginaire*, n. 3. Paris: CNRS Éditions, 2011.

DAYER, Caroline. *Sous les pavés, le genre*: hacker le sexisme. Paris: L'Aube, 2014.

DEBORD, Guy. *A sociedade do espetáculo*. Rio de Janeiro: Contraponto, 2017.

DE CERTEAU, Michel. *L'invention du quotidien*: Arts de faire. Paris: Gallimard, 1999.

DE KERCKHOVE, Derrick. *Les nerfs de la culture*. Laval: Presses de l'université Laval, 1998.

DE KERCKHOVE, Derrick; ALMEIDA, Cristina Miranda de. *The point of being*. New Castle Upon Tyne: Cambridge Scholars Publishing, 2014.

DELEUZE, Gilles; GUATTARI, Félix. *Mille plateaux*: capitalisme et schizophrénie. Paris: Minuit, 1980.

DE MARTINO, Ernesto. *Il mondo magico*. Turin: Einaudi, 2022.

DE SUTTER, Laurent. Magic. *Une métaphysique du lien*. Paris: PUF, 2015.

DE SUTTER, Laurent. *L'âge de l'anesthésie*: la mise sous contrôle des affects. Paris: Les Liens qui libèrent, 2017.

DIBBEL, Julian. *A rape in cyberspace*. The Village Voice, 21 décembre 1993.

DISTASI, M. Techno-rhizome: le devenir d'un genre musical. *Les Cahiers européens de l'imaginaire*, n. 9. Paris: CNRS Éditions, 2018.

DUMONT, Louis. *Essais sur l'individualisme: une perspective anthropologique sur l'idéologie moderne*. Paris: Seuil, 1983.

DURAND, Gilbert. *Les structures anthropologiques de l'imaginaire*. Malakoff: Dunod, 1993.

DURAND, Gilbert. *Introduction à la mythodologie*. Paris: Albin Michel, 1996.

DURKHEIM, Émile. *Les formes élémentaires de la vie religieuse* (1912). Paris: PUF, 2003.

DUVIGNAUD, Jean. *Fêtes et civilisations*. Paris: Weber, 1973.

ECO, Umberto. *Apocalípticos e integrados*. São Paulo: Perspectiva, 1979.

ERCOLI, Lucrezia. Chiara Ferragni. *Filosofia di un'influencer*. Gênes: Il Melangolo, 2020.

ESPOSITIO, Roberto. *Bìos*: biopolitica e filosofia. Turin: Einaudi, 2004.

ESTELLON, Vincent. *Les sex-addicts*. Paris: PUF, 2020.

FERRARIS, Maurizio. *Mobilisation totale*. Paris: PUF, 2016.

FIORENTINO, Giovanni. *Il sogno dell'immagine*: per un'archeologia fotografica dello sguardo. Rome: Meltemi, 2019.

FISHER, Mark. *Realismo capitalista*: é mais fácil imaginar o fim do mundo do que o fim de capitalismo? São Paulo: Autonomia Literária, 2020.

FISHER, Mark. *Désirs postcapitalistes*. Paris: Audimat éditions, 2022.

FLICHY, Patrice. *Une histoire de la communication moderne*. Paris: La Découverte, 1992.

FOUCAULT, Michel. *Les mots et les choses*. Paris: Gallimard, 1966.

FOUCAULT, Michel. *Surveiller et punir*: la naissance de la prison. Paris: Gallimard, 1975.

FOUCAULT, Michel. *Histoire de la sexualité, vol. 2, L'usage des plaisirs*. Paris: Gallimard, 1994.

GRAF, Fritz. *La magie dans l'antiquité gréco-romaine*. Paris: Les Belles Lettres, 1994.

GULMANELLI, Stefano. *PopWar*: il netattivismo contro l'ordine costituito. Milan: Apogeo, 2003.

HABERMAS, Jürgen. *L'espace public*: archéologie de la publicité comme dimension constitutive de la société bourgeoise. Paris: Payot, 1997.

HAMPARTZOUMIAN, Stéphane. *Effervescence techno, ou la communauté trans(e)cendentale*. Paris: L'Harmattan, 2004.

HANDA, Carolyn. *The Multimediated Rhetoric of the Internet: Digital Fusion*. New York: Routledge, 2014.

HARAWAY, Donna. *Manifeste cyborg et autres essais*: sciences, fictions, féminismes. Paris: Exils, 2007.

HARAWAY, Donna. *Vivre avec le trouble*. Vaulx-en-Velin: Éditions des mondes à faire, 2020.

HARDT, Michael; NEGRI, Antonio. *Commonwealth*. Paris: Stock, 2012.

HAYNES, Patrice. *Immanent transcendence*: reconfiguring materialism in continental philosophy. New York: Continuum, 2012.

HEIDEGGER, Martin. Sobre o humanismo. *In*: *Conferências e escritos filosóficos*. Tradução e notas Ernildo Stein. São Paulo: Abril Cultural, 1973.

HEIDEGGER, Martin. La question de la technique. *In*: *Essais et conférences*. Paris: Gallimard, 1958.

HENRY, Michel. *Incarnation*: une philosophie de la chair. Paris: Seuil, 2000.

HIMANEN, Pekka. *L'éthique hacker et l'esprit de l'ère de l'information*. Paris: Exils, 2001.

HOLMES, Oliver Wendell. The Stereoscope and the Stereograph (1860). *In*: NEWHALL, Beaumont (ed.). *Photography*: essay and images. New York: The Museum of Modern Art, 1980.

HOUTMAN, Dick; MEYER, Birgit (dir.). *Things*: religion and the question of materiality. New York: Fordham University Press, 2012.

HUGON, Stéphane. *Circumnavigations*: l'imaginaire du voyage dans l'expérience internet. Paris: CNRS Éditions, 2010.

JENKINS, Henry. *La convergence culturelle*: nouveaux médias, nouveaux publics. Paris: Armand Colin, 2013.

JORON, Philippe. *A vida improdutiva*: Georges Bataille e a heterologia sociológica. Porto Alegre: Sulina, 2013.

JORON, Philippe. *La fête à pleins bords:* Bayonne: fêtes de rien, soif d'absolu. Paris: CNRS Éditions, 2012.

JORON, Philippe. Tremblements sociaux et imaginaires: de la peau digitale aux fissures numériques. *echo*, n. 3, 2021.

JOSSET, Raphaël. Du psychédélisme au réseau cybernétique planétaire: l'accomplissement de la métaphysique. *Les Cahiers européens de l'imaginaire*, n. 3, Paris: CNRS Éditions, 2011.

JOSSET, Raphaël. *Complosphère*: l'esprit conspirationniste à l'ère des réseaux sociaux. Paris: Lemieux, 2015.

JOST, François. *Est-ce que tu mèmes?*: de la parodie à la pandémie numérique. Paris: CNRS Éditions, 2022.

KRACAUER, Siegfried. *L'ornement de la masse*: essai sur la modernité weimarienne. Paris: La Découverte, 2008.

LA ROCCA, Fabio. *La ville dans tous ses états*. Paris: CNRS Éditions, 2013.

LA ROCCA, Fabio. *Vivere nelle immagini: frammenti di un immaginario mediale*. Rome: Edizioni Estemporanee, 2023.

LE BRETON, David. *Anthropologie du corps et modernité*. Paris: PUF, 2013.

LÉVY, Pierre. *L'intelligence collective*: pour une anthropologie du cyberespace. Paris: Fayard, 1994.

LIPOVETSKY, Gilles. *Le bonheur paradoxal*: essai sur la société d'hyperconsommation. Paris: Gallimard, 2006.

LIPOVETSKY, Gilles; SERROY, Jean. *L'esthétisation du monde*: vivre à l'âge du capitalisme artiste. Paris: Gallimard, 2013.

LOLLI, Alessandro. *La guerra dei meme: fenomenologia di uno scherzo infinito*. Florence: Effequ, 2017.

LOVINK, Geert. Psychopathologie de la surcharge d'informations. *Les Cahiers européens de l'imaginaire*, n. 3, Paris: CNRS Éditions, 2011.

LOVINK, Geert. *Networks without a cause*: a critique of social media. Londres: Polity Press, 2012.

LUKÁCS, Georg. *Histoire et conscience de classe* (1923). Paris: Minuit, 1960.

LYOTARD, Jean-François. *La condition postmoderne*. Paris: Minuit, 1979.

MAFFESOLI, Michel. *Au creux des apparences*: pour une éthique de l'esthétique. Paris: Plon, 1993.

MAFFESOLI, Michel. *Du nomadisme*: vagabondages initiatiques. Paris: Le Livre de poche, 1997.

MAFFESOLI, Michel. *Notes sur la postmodernité*. Paris: Éditions du Félin, 2003.

MAFFESOLI, Michel. *Éloge de la raison sensible*. Paris: La Table Ronde, 2005.

MAFFESOLI, Michel. *Le réenchantement du monde*. Paris: La Table Ronde, 2007.

MAFFESOLI, Michel. *L'ombre de Dionysos*: contribution à une sociologie de l'orgie. Paris: CNRS Éditions, 2010.

MAFFESOLI, Michel. L'initiation au présent. *Les Cahiers européens de l'imaginaire*, n. 3, Paris: CNRS Éditions, 2011.

MAFFESOLI, Michel. *La parole du silence*. Paris: Cerf, 2016.

MAFFESOLI, Michel. *Le temps des tribus*: le déclin de l'individualisme dans les sociétés post-modernes. Paris: La Table ronde, 2019.

MAFFESOLI, Michel. *La nostalgie du sacré*. Paris: Cerf, 2020.

MARCHETTI, Maria Cristina; ROMEO, Angelo (dir.). *#Noirestiamoacasa*: Il mondo visto da fuori ai tempi del Covid-19. Sesto San Giovanni: Mimesis, 2020.

MARCUSE, Herbert. *O Homem Unidimensional*: a ideologia da sociedade industrial. Rio de Janeiro: Zahar, 1973.

MARX, Karl. *Manuscrits de 1857-1858 dits « Grundrisse »* (1857). Paris: Éditions Sociales, 2018.

MARX, Karl. *Le Capital* (1867), *vol. I*. Paris: Gallimard, "Folio", 2008.

MARX, Karl; ENGELS, Friedrich. *Manifeste du parti communiste* (1848). Paris: J'ai Lu, 2004.

MAUSS, Marcel. *Esquisse d'une théorie générale de la magie* (1902-1903). Paris: PUF, 1998.

MAUSS, Marcel. *Sociologie et anthropologie*. Paris: PUF, 1968.

MCLUHAN, Marshall; FIORE, Quentin. *The medium is the MASSAGE*: an inventory of effects (1967). Toronto: Penguin Books, 2003.

MCLUHAN, Marshall. *Os meios de comunicação como extensões do homem*. São Paulo: Cultrix, 2014.

MONNEYRON, Frédéric. *Sociologie de la mode*. Paris: PUF, 2006.

MORIN, Edgar. *L'esprit du temps*. La Tour-d'Aigues: L'Aube, 2017.

MORIN, Edgar. *Le cinéma ou l'homme imaginaire*. Paris: Minuit, 1957.

MORIN, Edgar. *Les stars*. Paris: Seuil, 1957.

MUSO. Annual *Piracy Report*. Londres: 2018.

MUSSO, Pierre. *Critique des réseaux*. Paris: PUF, 2003.

NANCY, Jean-Luc. *Corpus*. Lisboa: Passagens, 2000.

NANCY, Jean-Louis. *Sexistence*. Paris: Galilée, 2017.

NIETZSCHE, Friedrich. *Assim Falou Zaratustra*. São Paulo: Companhia das Letras, 2011.

OBADIA, Lionel. *La marchandisation de Dieu*: L'économie religieuse. Paris: CNRS Éditions, 2013.

PACE, Enzo. Les cyber-religions entre dématérialisation du sacré et réenchantement du monde. *Sociétés*, n. 139, La dématérialisation du sacré, 2018.

PECERE, Paolo. *Il dio che danza*: viaggi, trance, trasformazioni. Rome: Nottetempo, 2021.

PERNIOLA, Mario. *Le sex appeal de l'inorganique*. Paris: Léo Scheer, 2003.

PETRILLI, Enrico. *Notti tossiche*: socialità, droghe e musica elettronica per resistere attraverso il piacere. Rome: Meltemi, 2020.

PIREDDU, Mario. *Algoritmi*: il software culturale che regge le nostre vite. Rome: Luca Sossella, 2017.

POURTAU, Lionel. *Techno: voyage au cœur des nouvelles communautés festives*. Paris: CNRS Éditions, 2009.

PRECIADO, Paul B. *Testo junkie*: sexe, drogues et biopolitique. Paris: Grasset, 2008.

RITCHIN, Fred. *Au-delà de la photographie*: le nouvel âge. Paris: Victoires, 2010.

ROMANO, Onofrio. *La comunione reversiva*: una teoria del valore sociale per l'al di là del moderno. Rome: Carocci, 2008.

ROSA, Hartmut. *Accélération*: une critique sociale du temps. Paris: La Découverte, 2013.

ROSZAK, Theodore. *The cult of information*: a neo-luddite treatise on high tech, Artificial Intelligence, and the true art of thinking. Berkeley: University of California Press, 1994.

SADIN, Éric. *La vie algorithmique*: critique de la raison numérique. Paris: L'Échappée, 2015.

SALMON, Christian. *Storytelling*: la machine à fabriquer des histoires et à formater les esprits. Paris: La Découverte, 2007.

SANMARTIN FERNANDES, Cintia; HERSCHMANN, Michael (dir.). *Cidades musicais*: comunicação, territorialidade e política. Porto Alegre: Sulina, 2018.

SANMARTIN FERNANDES, Cintia; HERSCHMANN, Michael. A *força movente da música*. Porto Alegre: Sulina, 2023.

SCHELER, Max. *Ordo amoris* (1916). Brescia: Morcelliana, 2008.

SHIN, Jieun. *Le flâneur postmoderne*: entre solitude et être ensemble. Paris: CNRS Éditions, 2014.

SIMARD, Claude; BLANCHET-GRAVEL, Jérôme. *Crise sanitaire et régime sanitariste*: deux ans de Covid-19. Montréal: Liber, 2022.

SIMIOLI, Salvatore. *Berghain*: per un'architettura del perforante. Syracuse: LetteraVentidue, 2018.

SIMMEL, Georg. *Sociologie*: étude sur les formes de la socialisation. Paris: PUF, 1990.

SIMMEL, Georg. *La religion*. Paris: Circe, 1994.

SIMMEL, Georg. *Philosophie de la mode*. Paris: Allia, 2013.

SIMONDON, Gilbert. *Sur la technique*. Paris: PUF, 2014.

SOCIÉTÉS, n. 114, *Ambiances quotidiennes*. Bruxelles: De Boeck, 2011.

SODRÉ, Muniz. *Samba, o dono do corpo*. Rio de Janeiro: Codecri, 1979.

SUSCA, Vincenzo. *Joie tragique*: les formes élémentaires de la vie électronique. Paris: CNRS Éditions, 2011.

SUSCA, Vincenzo. *Les affinités connectives*: sociologie de la culture numérique. Paris: Cerf, 2016.

SUSCA, Vincenzo. *Industrie culturelle et vie quotidienne*: entre art, spectacle et marchandise. Montréal: Liber, 2021.

SUSCA, Vincenzo. Volodymyr Zelensky. *In*: BENNATO, Davide; FARCI, Manolo; FIORENTINO, Giovanni (dir.). *Dizionario mediologico della guerra in Ucraina*. Bologna: Guerini, 2023.

SUSCA, Vincenzo; DE KERCKHOVE, Derrick. *Transpolitica*: nuovi rapporti di potere e sapere. Milan: Apogeo, 2008.

TANNI, Valentina. *Memestetica*: il settembre eterno dell'arte. Rome: Nero, 2020.

TARDE, Gabriel. *Les lois de l'imitation* (1890). Paris: Kimé, 1993.

TAYLOR, T. L. *Watch me play*: Twitch and the rise of game live streaming. Princeton: Princeton University Press, 2018.

TOFFLER, Alvin. *La troisième vague*. Paris: Denoël, 1971.

TRICLOT, Mathieu. *Philosophie des jeux vidéo*. Paris: Zones, 2011.

TURKLE, Sherry. *Seuls ensemble*: de plus en plus de technologies de moins en moins de relations humaines. Paris: L'échappée, 2015.

TURNER, Victor W. *The ritual process*. New York: Penguin, 1974.

TURNER, Victor W. *The anthropology of performance*. Cambridge: PAJ, 1986.

VALÉRY, Paul. Philosophie de la danse. *In*: *Œuvres, t. 1*. Paris: Gallimard, 1957.

VATTIMO, Gianni. *La fin de la modernité, nihilisme et herméneutique dans la culture postmoderne*. Paris: Seuil, 1987.

VIRNO, Paolo. *Grammaire de la multitude*. Paris: L'Éclat, 2002.

WARK, McKenzie. *Un manifeste hacker*. Paris: Criticalsecret, 2006.

WEBER, Max. *L'éthique protestante et l'esprit du capitalisme* (1904). Paris: Plon, 1964.

WEBER, Max. *Économie et société* (1922). Paris: Plon, 1971.

WEBER, Max. *Le savant et le politique* (1919). Paris: PUF, 1987.

ŽIŽEK, Slavoj. *Enjoyment as a political factor*. London: Routledge, 2000.

ŽIŽEK, Slavoj. *Organes sans corps*: Deleuze et conséquences. Paris: Amsterdam, 2008.

ŽIŽEK, Slavoj. *Comment lire Lacan*. Le Kremlin-Bicetre: Nous, 2011.

ŽIŽEK, Slavoj. *De la croyance*. Paris: Jacqueline Chambon, 2011.

ŽIŽEK, Slavoj *O amor impiedoso (ou: sobre a crença)*. Belo Horizonte: Autêntica Editora, 2012.

Literatura e poesia

BAUDELAIRE, Charles Pierre. *Paraísos Artificiais*: o haxixe, o ópio e o vinho. Porto Alegre: L&PM, 2011.

BURROUGHS, William S. *Almoço nu*. São Paulo: Companhia das Letras, 2016.

CALVINO, Italo. *As cidades invisíveis*. São Paulo: Companhia das Letras, 1990.

CARROLL, L. *Alice au pays des merveilles*: de l'autre côté du miroir. Paris: Gallimard, 1990.

CRONENBERG, David. *Consumidos* [recurso eletrônico]. Rio de Janeiro: Objetiva, 2014.

DELILLO, Don. *O silêncio*. São Paulo. Companhia das Letras, 2021.

DICK, Philip K. *Ubik*. Editora Aleph, 2015.

DICK, Philip K. *Souvenirs à vendre*. Paris: Folio, 2022. (Original de 1966).

DICK, Philip K. *Substance mort*. Paris: Denoël, 1978. (Original de 1977).

EUGENIDES, Jeffrey. *Middlesex*. São Paulo: Companhia das Letras, 2014. p. 520-521.

GIBSON, William. *Neuromancer*. [livro eletrônico] São Paulo: Aleph, 2013. p. 101-102.

ISHIGURO, Kazuo. *Klara e o Sol*. São Paulo: Companhia das Letras, 2021.

KAFKA, Franz. La *Colonie pénitentiaire et autres récits*. Paris: Gallimard, 1948. (Original de 1919).

LEOPARDI, Giacomo. *Poésies et œuvres morales*. Paris: Alphonse Lemerre éditeur, 1880.

MANCASSOLA, Marco. *Last love parade*. Milan: Mondadori, 2005.

MCEWAN, Ian. *Máquinas como eu*. São Paulo: Companhia das Letras, 2019. p. 21.

POE, Edgar Allen. L'Homme de la foule. *In*: POE, Edgar Allen. *Nouvelles histoires extraordinaires*. Paris: Flammarion, 2008. (Original de 1840).

POE, Edgar Allen. *Le domaine d'Arnheum*. Québec: Bibebook, 2016. (Original de 1847).

RIMBAUD, Arthur. Lettre à Paul Demeny, 15 mai 1871. *In*: *Œuvres complètes*. Paris: Bibliothèque de la Pléiade, 2009.

SCHALANSKY, Judith. *O pescoço da girafa*. Rio de Janeiro: Alfaguara, 2016. p. 74.

SHAKESPEARE, William. *La tempête*. Milan: Mondadori, 2002. (Original de 1611).

STEPHENSON, Neal. *Snow Crash*. São Paulo: Aleph, 2015.

VIAN, Boris. *L'Écume des jours*. Paris: Le livre de poche, 2015. (Original de 1947).

Filmografia

2001: Uma Odisseia no Espaço, S. Kubrick, EUA, Reino Unido, 1968.

A Lenda de Kaspar Hauser, D. Manuli, Itália, 2012.

A Origem, Ch. Nolan, EUA, Reino Unido, 2010.

Animais Fantásticos e Onde Habitam, D. Yates, EUA, 2016.

Aurora, F. W. Murnau, EUA, 1927.

Avatar, J. Cameron, EUA, 2009.

Blade Runner, R. Scott, EUA, Hong Kong, 1982.

Crash, D. Cronenberg, Canadá, Reino Unido, 1996.

Crimes do Futuro, D. Cronenberg, França, Grécia, Canadá, Reino Unido, 2022.

Ela, S. Jonze, EUA, 2013.

Ema, P. Larrain, Chile, 2019.

eXistenZ, D. Cronenberg, Canadá, Reino Unido, 1999.

King Kong, M. C. Cooper, E. B. Schoedsack, EUA, 1933.

La Sortie de l'usine Lumières (*A Saída da Fábrica Lumière*), A. Lumière, P. Lumière, França, 1895.

Matrix Resurrections, L. Wachowski, EUA, 2022.

Metrópolis, F. Lang, Alemanha, 1927.

RoboCop, P. Verhoeven, EUA, 1987.

Tempos Modernos, C. Chaplin, EUA, 1936.

Tetsuo: O Homem de Ferro, S. Tsukamoto, Japão, 1989.

The Batman, M. Reeves, EUA, 2022.

THX 1138, G. Lucas, EUA, 1971.

Titane, J. Ducournau, França, Bélgica, 2021.

Um Olhar do Paraíso, R. Linklater, EUA, 2006.

Videodrome, D. Cronenberg, Canadá, 1983.

Séries de televisão

Black Mirror, C. Brooker, Reino Unido, 2011-2023.

Devs, A. Garland, EUA, 2020.

Game of Thrones, D. Benioff, D. B. Weiss, EUA, 2011-2019.

Servo do Povo, V. Zelensky, I. Bakanov, Ucrânia, 2015-2019.

Stranger Things, M. e R. Duffer, Netflix, EUA, 2014-2022.

Years and Years, R. T. Davies, Reino Unido, 2018-2019.

Discografia

Björk, « Atopos », em *Fossora*, One little indipendent records, 2022.

Brigitte Fontaine, Grace Jones, *Dancefloor*, Decca Records, 2011.

Eats Everything feat. Tiga vs Audion, *Dancing (again!)*, Method White, 2015.

Port Royal, *Afraid to dance*, Resonant, 2007.

Strauss, J., *Danúbio Azul (An der schönen blauen Donau)*, op. 314, 1866.

Westbam feat. Richard Butler, *You need the drugs*, Bass Planet, 2013.

Jogos

Dungeons & Dragons, G. Gyga e D. Arneson, 1977.

The Legend of Zelda, S. Miyamoto e T. Tezuka, 1986.

Este livro foi confeccionado especialmente
para a Editora Meridional Ltda.,
em Georgia, 10,5/15 e
impresso na Gráfica Noschang.